兵头将尾实践论

我如何当秘书长与办公室主任

张正耀 ◎ 著

人民东方出版传媒
People's Oriental Publishing & Media
东方出版社
The Oriental Press

图书在版编目（CIP）数据

兵头将尾实践论：我如何当秘书长与办公室主任 / 张正耀 著 . — 北京：东方出版社，2022.10
ISBN 978-7-5207-2985-7

Ⅰ . ①兵… Ⅱ . ①张… Ⅲ . ①办公室工作－工作经验②秘书－工作经验
Ⅳ . ① C931.4

中国版本图书馆 CIP 数据核字（2022）第 170019 号

兵头将尾实践论：我如何当秘书长与办公室主任
（BING TOU JIANG WEI SHIJIANLUN：WO RUHE DANG MISHUZHANG YU BANGONGSHI ZHUREN）

作 者：张正耀
责任编辑：李 森
出 版：东方出版社
发 行：人民东方出版传媒有限公司
地 址：北京市东城区朝阳门内大街 166 号
邮 编：100010
印 刷：北京文昌阁彩色印刷有限责任公司
版 次：2022 年 10 月第 1 版
印 次：2022 年 10 月第 1 次印刷
开 本：660 毫米 × 960 毫米 1/16
印 张：19.5
字 数：210 千字
书 号：ISBN 978-7-5207-2985-7
定 价：49.00 元
发行电话：（010）85924663 85924644 85924641

目 录

秘书长六悟

（代序）

回顾 40 多年的工作经历，我任职最多、时间最长、感受最深的，还是秘书长。

说"任职最多"，我 1992 年担任六安行署副秘书长（后兼任行署办公室主任），从霍山县回地区再次任行署副秘书长，后任中共六安地委副秘书长。六安撤地建市，担任市政府首任秘书长（兼政府办公室主任）。数年后，任中共六安市委常委、市委秘书长。离任中共马鞍山市委常委、市纪委书记，又担任中共安徽省纪委常委、秘书长。安徽省地市一级党委、政府的副秘书长、秘书长都履职过的，我应是第一人。

说"时间最长"，我在不同的秘书长岗位上就职，累计达 18 年之久。长期的职业生涯，使我对"秘书长"有一种特殊的感情。熟悉的人见面，称呼最多的还是"秘书长"，以至于常常有人喊别人"秘书长"，我也不自觉地看看是不是喊我。

说"感受最深"，是相对于我自己的其他岗位而言的。在"秘书长"岗位上，我得到了很好的学习与实践，对砥砺品质、增长才干有着重要的作用。从一定的角度说，没有"秘书长"岗位的历练，就不会有后来的成长。在不同岗位的秘书长任职期间,我在省级以上报刊公开发表的与秘书长和办公室工作有关的文章有40多篇,其中有10多篇刊载于中共中央办公厅秘书局《秘书工作》杂志。这些文章,是学习的汇报,是实践的记录,是感悟的辑集。

在从事秘书长工作颇多的感悟中,这里再拎出几条赘述几句。

一、精心谋划大事,严格管理小事

党委、政府办公室,是党委、政府的参谋部。秘书长领导办公室,则处于参谋长的位置。看一位秘书长是否称职、优秀,首要的、重要的是看他对领导决策及其落实工作的参与程度和谋划程度,是否参到关键处、谋到点子上,是否出大主意、当大参谋。秘书长要当好参谋长,这是毫无疑问的。

同时,秘书长又要当好"第一办事员"。为什么这样说呢?秘书长处于承上启下、兵头将尾的位置。对下,是"长",是领导;对上,是"秘书",是办事员。相比于一般办事员,秘书长应是"第一办事员"。考察秘书长称职与否,既要看他能不能精心谋划大事,又要看他能不能严格管理小事。办公室工作无小事,秘书长既要举重若轻,又要举轻若重。"当好第一办事员",不是要求秘书长事无巨细、事必躬亲,但对于重要的"小事",也要亲自过问。

"谋大严小",是秘书长职能与责任的统一,也是秘书长工作求真务实的体现。

二、以学习推动实践，以思路开拓出路

秘书长不是天生就能干好的。一个优秀的秘书长，一定是勤奋学习、学有所成的人，一定是勇于实践、践之有效的人。不要说"秘书长事太杂、人太忙，没时间学习"，关键看你对学习的态度和方法，看你是不是把学习当作成长的必需、工作的必需、生活的必需，以学习修身立德、增才兴业，看你能不能工学结合、学用相长，以学引路、以践促学。

思路决定出路。党委、政府的秘书长，不管分管哪些工作，都需要从实际出发，在实践中制定合理的目标、形成正确的思路、采取得力的措施。有思路，才有方向，才有定力，工作中不会像无头苍蝇，也不会是瞎子摸象。思路好、思路新，才有奔头，才有起色，才能打开局面、做出佳绩，进而再接再厉，创造性开展工作。

三、该说的要说清，不该说的要忍住

说话，是一种表达方式，也是一种重要的工作方式。党委、政府的秘书长，说话不同于党委、政府主要负责人。比如在一个省辖市，有些话书记、市长要说，你秘书长就不能说。秘书长是机关的枢纽，知情面广，信息发散的机会也多，必须管住自己的嘴，该说的要说清，不该说的要忍住。对领导、对同事、对下级，应该是对什么人说什么话。这里说的"对什么人说什么话"，并不是对张三、李四说的截然相反，也不是撒谎欺骗，而是指说话大有讲究。这不是"滑头""不诚实"，而是工作需要、职责所在、水平体现。

把握"该说的""不该说的",并非易事。若发现领导人之间有矛盾、有隔阂,秘书长应成为"润滑剂",设法去消除、去化解,不该说的要烂在肚里。有时,秘书长可能还是"受气筒"。领导因不知情或性格暴躁在你身上发火,下级因不满意领导也在你面前发牢骚、说气话,此时此刻,秘书长自己有气非但不能出,还得耐住性子听完,然后去解释,去消减他人之气。

一个机关、一个单位的秘书长,大多是新闻发言人。新闻发言人,既不能有话不说,又不能无话乱说;既不能自说自话,又不能只说"他话"。在新媒体时代,新闻发言人要学会在网络上说话。要主动发声,解决好"说不说"的问题;要把握导向,解决好"说什么"的问题;要不失时机,解决好"何时说"的问题;要提升水平,解决好"如何说"的问题。

四、需出面时要到位,不需出面时不要抢镜头

身为秘书长,出头露面是常有的事,该出力、出面的时候,不能缺位。但是,也有不少事情、不少场合需要秘书长只出力、不出面。有时在场内,有时在场外;有时在台上,有时在台下;有时在台前,有时在幕后。有的秘书长,不需出面时喜欢抢镜头,而且不只是出现在报刊、广播、电视、网络等媒体上,还表现为讨好、表绩、邀功等方面。这是犯忌。这样的"抢镜头",轻者是动机不纯,重者则是个人主义乃至形式主义、官僚主义作祟。

五、出门能跑得开，进门能坐得安

考察调研、联络协调、检查督办等，不仅要求秘书长走出办公室，而且要能跑得开。"跑得开"，不是乱跑，也不是指时间多长、路程多远，而是指有目标、有方法、有效果。但光有"跑劲"不行，还得有"坐功"。有的秘书长，在外跑倒是乐此不疲，没事找事到处跑，疏于机关公务处理；有的秘书长，即便在机关也心不在焉，坐不下、坐不安，整天火急火燎，给人感觉忙得不可开交。

其实，党委、政府的秘书长有一个角色是"守门员"。除了外出执行任务，秘书长要当好"守门员"。这个"守"字，大有学问，要"守"出主动、"守"出规范、"守"出高效。

六、"廉"字当头，"正"字为本

秘书长正不正、廉不廉，不只是他一个人的事，常常影响到机关、影响到他人。秘书长又正又廉，才能切实履行"一岗双责"，为机关清正廉洁的掌舵把关发挥应有的作用。因此，秘书长要"廉"字当头、"正"字为本。

首先，要严于律己，以身作则。其次，要管好机关办公室及分管部门、单位，带好队伍。此外，还有重要的一点，也是难点，就是与领导相处共事也要守纪律、讲规矩。秘书长的领导，不一定都是遵纪守法的。对违纪违法的，不能言听计从，更不能同流合污，而要给予及时的提醒、必要的抵制。对腐败的领导人，尤其要保持距离，做到"他倒我不倒"。

（刊载于 2021 年 4 月 2 日《江淮时报》）

公文处理、文稿起草与行政接待篇

行政机关领导要重视公文处理工作

　　行政机关的公文，是行政机关在行政管理过程中形成的具有法定效力和规范体式的文书，是依法行政和进行公务活动的重要工具。做好行政机关公文处理工作，不仅需要机关工作人员的具体努力，而且需要机关领导同志的高度重视。

一、以转变政府职能为重要前提

　　公文处理是政府机关的基础性工作，是政府机关实现其行政职能的重要途径。在计划经济向社会主义市场经济转变的条件下，政府职能的转变，直接制约着行政机关的公文处理工作。因此，转变政府职能是做好公文处理工作的重要前提。

　　转变政府职能，首要任务是转变经济管理的职能。计划经济时代，政府实行的是"统筹、统管、统配、统分"的管理模式，大到人财物分配，小到吃喝拉撒睡，政府都要过问，都要干预，因而出现了管理一切的"无限政府"。从计划经济体制向社会主义市场经济体制转轨，要求政府的职能由包揽一切转到经济调节、社会管理、公共服务上来，正确处理政府与部门、政府与企业、政府与社会的关系，充分发挥部门、企业、社会的积极性。分清政府该管什么，不该管什么，把该管的管好。

转变政府职能，现实目标是顺应撤地设市和机构改革的需要。当前，我市行政机关必须克服那种工作节奏慢、任务难落实、服务跟不上的弊病，适应撤地设市、机构改革和市场经济的需要，不断进取，积极转变工作职能，努力提高办文、办会、办事的质量和效率，从而保证政府机关正常运转和各项任务的完成。

转变政府职能，要求行政机关切实把好发文关。事事发文是计划经济时代的一个突出表现。在社会主义市场经济体制下，政府机关再也不能用计划经济体制下那种当"阿姨"的办法，为庄稼施一次肥、除一次草，发一个文；为一个企业生产什么产品、怎样销售，发一个文。转变政府职能，把好发文关，一要杜绝错文，即杜绝违背市场经济规律要求、违反国家政策法规，不能体现政府职能的公文出台，这是把好发文关的基本要求。二是精简公文，可发可不发的公文，坚决不发。上级公文已有明确规定，本级无须作具体要求的，不再行文。本部门发文或几个部门联合发文能够解决的，不以政府批转或政府办公室转发。政府决定的一般事项，凡已开会部署，或主要内容已见报，或已印发会议纪要，不再印发文件。

二、以加强政风建设为关键措施

党的十五届六中全会通过了《中共中央关于加强和改进党的作风建设的决定》，我们必须认真贯彻执行，切实做到"八个坚持、八个反对"。政风是党风在政府系统的具体体现。政风建设，事关政府形象和民心向背，对社会主义事业成败有着重大影响，加强政风建设是做好公文处理工作的关键措施。

（一）倡导正确的行政机关文风

党的十五届六中全会通过的《决定》指出："下决心精简会议和文件，改进会风和文风。"什么是正确的行政机关文风，可不可以这样概括：核心问题是要做到六个字——"实、短、新、活、快、优"。

内容求"实"。公文中所采撷、所依凭的事实材料必须是真实的、确切的、能反映事物本质的，决不可以是道听途说、街谈巷议的传闻，更不可移花接木、歪曲和捏造事实，也不可只看表面现象，只抓枝节问题。在引用法令、政策时，必须全面领会，不可断章取义，更不可曲解。

篇幅求"短"。文不在长，而在精。在公文写作中，一定要紧扣主题，惜墨如金。与主旨无关或关系不大的话，一概不说；不能说明主旨的材料，一概不用；脱离实际，根本办不到的措施办法，一概不写。

立意求"新"。一个新观点、新思路，一项新措施、新办法，一条新经验、新体会，往往会使公文骤然生辉，会把干部、群众的认识和行动引向新的境界和层次。这就要求我们对实际问题作深入的思考和探索，对层出不穷的新情况、新问题、新事物有敏锐的反应，有深思熟虑的独到见解。

语言求"活"。在公文中多用一些通俗易懂、群众喜闻乐见的语言，不要写起文章板起面孔，语言晦涩，难以理解。

运转求"快"。公文是机关开展工作、实施管理的重要手段，所有公文都有自己的使命，都有一定的目的、一定的时间要求。在具体工作中，要根据上级领导机关的要求以及公文的内容与性质，分清轻重缓急，提出处理要求，加快公文运转。紧急公文要迅速办理，不积压、不停留。有些特殊的紧急文件，还要打破常规，以最快的速度传到承办人手中，保证公文处理对实际工作产生推动作用。

效果求"优"。机关制定公文好比工厂生产产品，每个环节必须做到符合标准，保证质量，生产出合格品、精品，消灭废品、次品。在公文处理过程中，任何一点随意性，任何一点主观臆断，任何一点粗心大意，都会造成失误，甚至会给党和国家利益造成损失。

（二）转变行政机关工作作风

第一，坚持求真务实，克服形式主义。公文处理是具体实在的工作，必须时时处处坚持报实数、说实话、办实事、求实效。这就要求我们深入实际，调查研究，从群众中来、到群众中去，从实践中来、到实践中去，脚踏实地，埋头苦干。经手办理的每一份公文，都要落到实处，决不能"打水漂""蜻蜓点水"。汇报工作，反映问题，要言之有据，说真话，报喜也报忧。提出工作任务，要从客观实际出发。贯彻落实上级决策，必须真抓实干，不能以文件落实文件，以会议落实会议。

第二，增强服务意识，克服官僚主义。朱镕基总理曾一针见血地指出："所有好的思想、好的思路、好的政策都会在官僚主义中被埋葬。"我们行政机关要想人民之所想，急人民之所急，诚心诚意为人民办实事、谋利益。进一步增强公仆意识，主动服务，当好基层和群众的贴心人，使公文处理工作真正成为"门好进、脸好看、话好听、事好办"的机关窗口和门面。

第三，加强督促检查，克服文牍主义。督促检查是公文处理工作的后续环节，我们要把工作着力点放在催办、督办、查办上，实行公文催查与督办相结合的办法。对紧急公文跟踪催办，重要公文及领导批示的公文重点催办。公文处理工作归根到底需要由人来完成，人的素质如何，至关重要。各级行政机关要加强公文处理工作队伍建设，使公文处理人员锤炼出良好的素质：具备良好的政治素养，在政治上与党中央保持一致；具有较高的理论和法律、政策水平，熟练的专业基础知识和较高的文字表达能力；具备认真负责、严谨细致的工作作风，忠于职守、开拓创新、淡泊明志、乐于奉献；严格遵守国家有关保密规定，严守党和国家的秘密。

公文处理现代化是指利用先进的科学技术，使一部分公文处理业务物化于人以外的各种设备，即在联网的计算机上进行公文的收、发、传、阅、批、存、查，整个运转过程无纸化。随着计算机技术、通信技术的发展，推进公文处理现代化已成为我们面临的严峻而紧迫的任务。

当前，加快公文处理现代化，要注重抓好三个环节。一是计划实施。要积极创造条件，加快办公自动化的建设步伐，结合工作特点和发展要求，一次规划，分步实施。在硬件建设上不追求设备的高档次，强调实用。二是队伍培训。要增强运用计算机处理公文的紧迫感，及时抓好计算机知识的培训。要引导和鼓励公文处理工作人员，适应形势，学会"换笔"，练好微机操作功，积极探索"双轨办公"（桌上办公、网上办公）和"公文双线运行"（纸质发送、网络传送）。三是实际应用。公文处理现代化建设应以需求为导向，结合现实需要，追求服务实效，决不能流于形式。多开发一些公文处理应用软件，利用办公自动化实现工作手段的革命。既要抓好政府网站建设，做好政府上网工作，满足政府工作的需要和社会公众的需求，又要加强政府局域网的建设，开发应用功能，充分发挥其在政府决策和行政服务中的作用。

（刊载于 2001 年 11 月 13 日《皖西日报》）

感悟文稿起草与修改

我长期在办公室从事文稿起草与修改工作。上世纪 80 年代初，开始起草六安行署文化、教育、卫生、体育等方面的文稿。几年后，担任行署办公室调研法规科科长，从事行署综合性文稿和重要文件、重要报告的起草和审核工作。进入 90 年代，先后作为办公室副主任、主任和行署副秘书长，负责行署综合性文稿和重要文件、重要报告的起草和审改。六安撤地设市后，我先后担任市政府秘书长、市委秘书长，党政重要文稿、重要报告的审核把关仍然是重要职责。

长期与文稿打交道，体验了机关文稿写作的酸甜苦辣。品尝个中滋味，有一些较为深刻的感悟。

行文之前的学与思

俗话说："兵马未动，粮草先行。"这"粮草"，是备战的必需。文稿写作，也是如此。如果平时不"备料"，一味地等领导布置任务再去"临阵磨枪"，仓促上阵，这样的文稿质量可想而知。经常听到有人称赞好文章，羡慕作者并询问"为什么文笔那么好"。殊不知，别人背后付出了多少努力，而他所投入的时间和花费的精力主要是在平时。

文秘工作者"备料"是多方面的，其中积累资料、自我练习就是基础性的也是重要的两个环节。

从上世纪 80 年代开始，我用多种方式积累资料：一是剪报。从报纸上看到有价值的文章，就把它剪下来，分类贴订成册。最多的时候，有七八本剪报。二是笔记本和卡片。把重要的内容，按类别摘录在不同的笔记本上，或抄写在卡片上。这些剪报、笔记本和卡片，有助于我学习借鉴，受到启发。当今的文秘工作者，利用电脑、手机、复印、扫描等设备来积累资料，就更为便捷高效了。

写作是文秘人员的基本功。除了完成领导布置任务的"命题作文"外，平时要经常自己命题、自我练习。可以结合形势、任务及中心工作，也可以是自己感兴趣的话题。可以是综合性的，也可以是单项工作的。篇幅可长可短，以练脑、练笔为目的。几十年来，我养成了自我练笔的习惯，在省级以上报刊发表百余篇文章，并出版了几本专著。2001 年，我在报刊上发表文章 11 篇，其中在省级以上报刊发表文章 7 篇。时任中共六安市委副书记程世龙批示："身为政府秘书长，在公务繁忙的情况下，挤出时间，爬爬格子，撰写一些有见地的文章，实在难得，也值得学习。"2010 年 8 月 1 日，时任中共安徽省委副书记王明方对我的《新形势下县级纪检监察干部队伍建设浅探》一文作出批示："正耀同志注重结合实际，进行理论的总结和探索，这是一个干部提高思想水平、工作能力的重要途径。"

人们常说："台上一分钟，台下十年功。"这讲的是演戏。演员要练功，文秘人员又何尝不要练功呢？这里的功，主要是"内功"。而学习和思考，则是文秘人员两个重要的"内功"、两个宝贵的品质。所有文秘人员，都必须勤于学习、善于思考。

从事文字工作的过程，就是学习的过程。文字功底，是学习本领的体现。党政办公室文秘人员只有先学一步，多学一些，才能拓展知识领域、更新知识结构，跟得上时代的进步、领导的思维，以知识储备和技能掌握克服本领恐慌，以理论素养和业务素质提升工作水平。那种把学习当负担、搞形式、走过场的人，是做不了也做不好文字工作的。

思考的过程，就是发现问题、分析问题、解决问题的过程。思考能力，是思维水平的体现。李瑞环在《学哲学　用哲学》中说："我们有些文章写得不好，不是词汇不够多、句子不够美，而是动机上、内容上、方法上有毛病，在鼓捣字儿上花的时间太多，在研究事儿上下的功夫太少。"这就告诉我们，写文章要处理好"鼓捣字"与"研究事"的辩证关系。党委、政府办公室的文秘人员，要学会站在领导的角度考虑问题，把握大势，联系实际，早做谋划，想深一层。要学会全面看问题，辩证看问题，深刻看问题，透过现象看本质。在谋划和思考中，善于运用信息、调研、督查的资源和成果，了解和掌握上情、下情和外情，开拓思路，求得实效。

为文之中的刻与磨

习近平同志指出，办公室是一个单位的首脑机关，时时处处要起表率作用。如果办公室工作没有效率，整个组织效率就高不起来；

如果办公室工作没有品质，整个组织就难言能力。因此，办公室的同志必须把精益求精、坚持一流作为工作习惯。不管对内对外，不管大事小事，不管领导交代与否，都不能停留在一般化水平上，不能满足于仅仅过得去，而要追求最好、最高。

办公室的整体工作是这样，办公室的文字工作更应如此。在文稿起草中，要精刻细磨。

所谓"刻"，是指文稿的写作像雕刻作品一样，要精益求精。我走上处级、厅级领导岗位以后，为保证文稿起草质量，采取不同的方法给下属部署任务。有时是几个人承担同一任务，各自在规定的时间内完成，然后相互比较，取长补短，以施加压力形成竞争势态；有时是几个人各承担一个部分，知人善任，分工明确。时间充裕的，不带框框，不定调调，由各自独立思考，形成写作提纲，经集体讨论后，再认真起草出一稿、二稿，甚至三稿、四稿；赶写材料的，为节约时间，避免走弯路，有时由我交代主题、重点和注意事项，甚至直接列出写作提纲，然后分头起草，再集中到我这里审改。这样做，既能单兵作战，发挥各自主观能动性，又能集思广益，形成写作合力，发挥整体优势。

所谓"磨"，就是修改文稿。从一定意义上说，好文章不是写出来的，而是改出来的。党政机关的文稿要求更严，删减增补是常事。有时需要反复修改，经一次又一次打磨，直到"自己满意""领导满意"为止。其中的痛苦，只有写材料的人才能明白。

还是上世纪80年代初，那时没有电脑。我加班加点，起草文稿。写完了，因为字迹潦草，别人不认识，还得自己誊抄，常常是熬了一个通宵。第二天领导作报告时，我还赶到会场去听，看领导修改了几处，思考"为什么要这么修改"。

可是，我走上领导岗位后发现，有些文秘人员却不懂"文章不厌千回改"这个道理。有的人起草文稿是应付差事，写稿"一气呵成"，写完后不认真修改，也不仔细检查，就呈送领导。也有的人相当自负，追求"一次通过"，生怕领导改他的文稿。你要修改，他会说：这一处，我是这样想的；那一处，我是那样考虑的。这样的人写出来的文稿，是经不起"折腾"的。

我给下属改稿，运用多种方法。一是激励。表扬有创意的部分，指出不足之处，使下属知道自己的进步，明确努力方向。二是启发。点明要修改、补充的地方或重写的原因，由下属自己去改，这叫引而不发。三是提升。包括主题的提炼、主要观点及大纲小目的凝练，提升文稿的层次。四是挪位。把有用的部分挪到合适的地方。至于删减、订正，那就更多了。往往一篇文稿改得密密麻麻（连标点符号也不放过），这个箭头指向这里，那个箭头打向那里。前不久，一位退休干部见到我还说："你20多年前改的稿子，我还留着呢。所改动的地方，我很佩服！"

在市政府、市委担任秘书长期间，由于审稿认真负责，主要领导对我审过的稿子比较放心，并形成一个制度：未经秘书长审阅签字，办公室不能将起草的公文呈送主要负责同志签发。

成文之外的品与行

宋朝大诗人陆游在84岁时给儿子陆遹写了一首诗，谈作诗之法，其中有两句："汝果欲学诗，工夫在诗外。"意思是：写诗不能就诗谈诗，就诗论诗，还要在诗歌以外多下功夫。这里是说，真正的好诗来源于生活的感悟、知识的积累和丰富的阅历，而不是凭空想象或堆砌辞藻。正因为陆放翁"诗外功夫"扎实而又充分，他的诗词在文学史上才得以不朽。其实，文稿写作也一样，功夫在文稿之外。

文稿写作，不能"为写材料而写材料"。衡量文稿，也不能"就文稿看文稿"。现实生活中，有人评价机关文字高手，只是说："他的文字不错。"这句话是不全面的。看文稿质量，考验的不仅是文字基本功，更多是考验人的品行能力。或者说，是考验以品行为突出标志的综合素质和能力水平。

"文如其人"的说法，由来已久。虽然说文与人、言与行并非具有完全一致性，但文章是人写出来的，做文先要做人的道理显而易见。公文写作，更是以做人为基础，以品行为支撑。"品"与"行"，是机关文秘人员最重要的"诗外功夫"。

一要坚定信仰。信仰、信念、信心，任何时候都至关重要。马克思主义信仰、共产主义远大理想、中国特色社会主义共同理想，是中国共产党人的精神支柱和政治灵魂。无论国际形势多么风云变幻，党政机关文秘人员精神支柱不能垮，政治灵魂不能丢。要坚定理想信念，坚守精神高地，筑牢信仰之基，在思想上和行动上与党中央保持高度一致，忠诚党的事业，全心全意为人民服务。在接受组织教育、群众监督的同时，要注重自我修养、自我完善、自我提高，锤炼坚强的党性，培育高尚的品质。

二要求真务实。求真务实，是坚持实事求是思想路线的本质要求。党政机关文秘人员要经常走出办公室，深入改革开放第一线，接触实际，亲近群众，潜心调研，参与实践。文秘人员的视野，不能只局限在业务工作限制的范围之内，只盯在手头的内部文件和材料上，要通过多种途径，了解和掌握现实社会生活中不断涌现的新思想、新事物、新动态，准确把握经济社会发展和党的建设中的根本性、方向性、关键性问题。要不断解放思想，更新观念，跳出办公室思考问题，以创新的思路谋良策、出高招，真正发挥党政办公室的"智囊团""思想库""参谋部"作用。

三要无私奉献。文稿写作是一门苦功夫，大多时间紧、任务重，加班加点、通宵达旦是家常便饭，顾不上家、度不了假也在所难免。没有无怨无悔的精神境界，就进入不了高效工作的状态。对办公室文字工作者来说，必须甘坐"冷板凳"，把奉献当作一种生活方式、一种工作态度、一种价值追求，在奉献中实现人生价值。"爬格子"如同爬山。起草一篇篇重要的文稿，像是爬一座座难爬的山，似乎永远也爬不完。但正因为它"难爬"和"爬不完"，才牵引我们在人生的道路上不断地攀登，在苦心经营中获得乐趣、获得成果、获得进步。也正因为文稿起草工作"重、苦、杂、难"，党委、政府领导对文稿起草工作人员要在政治上关心、工作上支持、生活上照顾。

（刊载于 2022 年 6 月 22 日《皖西日报》）

提高政府接待工作水平之我见

政府接待工作是政府机关后勤的重要工作，是政府机关工作的有机组成部分。随着我国对外开放的深入和全球经济一体化的推进，接待工作与经济工作的联系日趋密切。在新的形势下，我们要努力提高政府接待工作水平，把握时机，更好地为经济建设这个中心服务。

一、提高政府接待工作水平，要求我们提高认识，树立三种意识

树立"窗口"意识。政府接待部门是形象展示部门，是公共关系部门，也是对外开放部门。它不仅仅是为政府做好接待服务工作，也是政府面向社会的"窗口"。政府接待工作与社会、政治、经济的诸多方面存在着千丝万缕的联系，一定程度上关系着政府机关工作的正常开展，关系着一个地区经济和社会的发展。从这个意义上讲，政府接待工作是一个地区形象的"窗口"。

树立"桥梁"意识。从单纯的迎来送往、吃喝招待，没头没脑、没完没了的事务中跳出来，真正把接待工作作为树立形象、展示自

身、建立联系、广交朋友的重要途径来开辟。通过接待这一"桥梁",把一个地区的政治、经济、文化、科技等各项事业展示给外界;通过接待这一"桥梁",为本地"请进来、走出去"、招商引资穿针引线;通过接待这一"桥梁",真实反映一个地方经济建设、社会发展取得的巨大成效。

树立"大接待"意识。当今的接待工作是在更广领域、更大空间的全方位、立体化的服务工作。从内容上来看,已不再是简单的迎来送往、打水泡茶,而是涵盖了接待服务工作的全部内容,如接洽联络、提供咨询、会(餐)间服务、环境介绍、设备使用、参观游览,还有其他需要帮助解决的困难或有特殊需要的服务工作等等;从空间上来看,通信工具和交通工具的普及使用,以及工作节奏的加快,现代接待工作已经突破传统相对封闭式的区域性接待活动。这些变化,要求我们尽快树立"大接待"的意识。市、县(区)要有全局观念和一盘棋思想,相互支持,密切配合,上下联动,搞好协作,共同构造一个"大接待"的格局,充分挖掘并发挥接待工作的综合效益,努力实现接待工作的整体化、网络化和系统化。

二、提高政府接待工作水平,要求我们发挥职能,突出五个注重

(一)注重突出服务宗旨

经济建设是全党的中心,也是政府工作的重点,服从和服务于经济建设应该是政府接待工作的根本任务。接待工作必须围绕政府的中心工作来高效运转,以事务助政务,以接待助全局。

政府接待为社会主义经济建设服务，实际就是利用生产关系反作用于生产力的原理促进经济发展。政府接待的具体过程，表现为对宾客的服务，是以劳动资料为媒介体，向宾客提供直接或间接的服务，协调和融洽宾主之间的关系，因而，政府接待实际是处理人与人之间的关系。在政府接待中，根据不同文化背景下的服务对象，选择最适合的方式服务，切入人的因素中积极、能动与否的变量并加以影响，是可以推动生产力发展的。以招商引资为例，尽管资本的投入与否，在市场经济条件下，主要考虑的是利润、回报，但并不排除投资和引资的双方在维护自身利益的同时，还存在着合作者之间的相互情感、友谊和信任，这些在特定的条件下，甚至是经济活动成功与否的重要因素。可以说，一个地方接待工作水平的高低，也是经济发展环境好坏的一个体现。打个比方说，你接待过的客人，离开后还能对你这个地方的经济建设、城乡风貌、名胜古迹，甚至吃过的名菜名点都能历历在目、赞不绝口，那么人家就会乐意到你这里来联系工作、洽谈项目、投资办厂。这就是我们常说的"接待出效益"。因此，接待工作不仅仅是事务性、服务性、保障性的工作，更是政治性、政策性、技术性很强，牵涉面很广的工作。必须拓宽视野，从全局的高度来看待政府接待工作，突出其服从和服务于经济建设这一根本宗旨，把政府接待工作定位在应有的位置，更好地发挥其应有的作用。

（二）注重更新工作理念

接待工作要富有生机和活力，就要与时俱进，适应不断变化的新形势和新要求，在以下"六个字"上下功夫。

一是思路要"新"。及时捕捉接待工作的新特点,掌握接待工作的新规律,不断吸收外地的先进经验,结合本地的实际,创造性地开展工作。比如,中国的公务接待如何尽快与国际惯例接轨,既重视外事接待的规范化,又重视本地接待的融通性,如何将被动的接待职能与主动的联络职能有机地结合起来,提高服务功效等,都值得我们认真探索。

二是态度要"热"。以热心化生疏,以热情消倦意,力求把微笑、把热诚送给每位来客。以一颗火热的心、一张真诚的笑脸、一番暖人的问候,给宾客留下"热情、大方、友好"的印象,让宾客产生一种宾至如归的感觉。

三是准备要"细"。接待无小事,不论是政务接待、商务接待,还是观光接待,对接待工作者来说都是大事。要高标准、严要求、细安排,往往一项小小的疏漏就可能对全局工作造成很大的影响。

四是应变要"活"。根据不同年龄、不同身份、不同来意的客人,灵活掌握工作的侧重点,并善于综合运用接待规则、接待信息、接待知识。注重发挥个人的特长和优势,灵活、恰当地处理遇到的各种问题。

五是风格要"特"。如何通过接待工作把本地最有特色、最吸引客人的地方巧妙地表现出来,形成独特的"地方味",这是一门学问,也是接待工作的基本能力。这就需要我们在全面掌握本地情况的基础上,充分发掘地方文化资源,创造性地加以提炼并使用到接待工作中去,做到"人无我有,人有我特",使人有耳目一新的感受,让每位来宾过目不忘、过耳不忘或过口不忘。

六是纪律要"严"。严格遵守接待工作纪律,贯彻好"内紧外松"的原则。在接待活动中，不要热心于打听最新动态和传播小道消息，不要过多增加基层工作负担，不要扰民。一些重要接待活动，还要特别注意做好保密和安全工作。

（三）注重加强制度建设

一方面，必须解决建章立制问题。加强政府接待工作的规范化和制度化建设，改变主要依靠行政手段、行政指令办事的传统做法，避免工作的盲目性和随意性。

另一方面，必须解决按章办事问题。严格执行接待制度，加强管理和监督，做到令行禁止。

（四）注重提高队伍素质

接待工作成功与否，关键在人，应以人为本，全面加强接待工作人员的队伍建设，努力提高工作人员素质。要加强邓小平理论和"三个代表"重要思想的学习，深入学习和贯彻党的十六大精神，树立正确的世界观、人生观、价值观。要牢固树立为人民服务的思想，甘于在平凡的工作岗位上爱岗敬业、无私奉献。要围绕经济建设这个中心，掌握县（区）情、市情、省情、国情，了解历史与未来，适应新的形势，提高接待品位。所有接待工作人员都要通过努力学习，力求成为复合型人才，不断展现优质服务新水平。

（五）注重改善接待条件

随着社会主义市场经济的发展，市场化、规模化、技术化、法制化将是未来政府接待工作的四个显著特征。从现在开始，我们必须在接待工作的软硬件两个方面狠下功夫。

俗话说，软件靠人抓，硬件靠钱花。政府接待工作不能形成"任务来了重要，没有任务不要"的状况。政府领导应每年适当安排一些时间听取政府接待工作汇报，及时解决实际困难，在政策上加以引导和扶持，在财力上予以必要的支持，在方方面面的关系上帮助协调，为政府接待工作创造良好的工作环境，更好地适应接待工作形势和任务的需要。

（刊载于安徽省省直机关事务管理局《后勤导刊》2003年第2期；以《充分发挥职能　突出五个注重》为题刊载于全国城市接待部门联谊会等单位主办的《接待与交际》2003年第1期。）

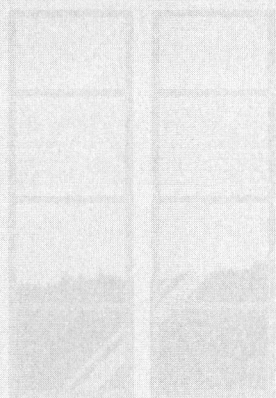

信息、调研与督查篇

加强政务信息工作　为政府科学决策服务

近日，国务院办公厅下发的《政务信息工作暂行办法》，充分肯定了政务信息的地位、作用以及在改革开放和政府管理职能转变中的重要作用，明确规定：政务信息工作是各级政府及其部门办公室的一项重要工作。其主要任务是反映政府工作及社会、经济发展中的重要情况，为政府把握全局、科学决策和实施领导提供及时、准确、全面的信息服务。这对于我们做好新时期政务信息工作具有很强的指导意义。

就我区而言，目前政务信息工作发展势头较好，特别是县市政府办公室，不仅建立了一批信息队伍，健全了信息网络，创办了信息载体，而且最近又开通了各县市与行署、行署与省政府的计算机联网，初步建立起办公决策服务系统的基本框架，大大提高了政务信息的传输速度，使政务信息开始成为地县市政府领导处理政务的重要手段。

一、政府领导正确决策，离不开政务信息

政务信息工作是政府职能转换、领导方式转变的重要方面，是

领导决策的重要依据。各级政府要重视信息工作，这是社会主义市场经济新体制的必然要求。

政务信息是向上级反映情况、争取支持、扩大影响的一条捷径。本级无法解决的困难和问题，通过信息渠道，能以最快的速度引起上级重视；基层涌现的新情况、新思路、新创造，上级能够及时予以推广。总之，信息工作缩短了上下级之间联系的时间与空间，成为工作联系的纽带。

政务信息是领导干部视力、听力的补充与延伸。政务信息渠道，使领导不仅能够掌握本地情况，而且能够掌握上级、周边和外部动态，并敏锐地感知和预测它的变化，谋之有据，动之有章。尤其在信息多源、利益多元的今天，领导者必须把咨询机构纳入自己的筹划中，这是现代领导成熟的标志之一。

二、做好政务信息工作，是政府系统办公室发挥参谋助手作用的重要体现

政府各部门、各级政府办公室是政务信息的主渠道。做好政务信息工作是提高服务层次、拓展服务领域的重要途径。面对政府工作的新形势、新任务、新要求，部门及政府办公室的工作思路、工作方式也必须实现转变，增强超前意识，强化参谋作用，做好信息服务，提高工作品位。同时，政务信息工作是部门、政府办公室的一个窗口。信息工作是否出色，信息渠道是否畅通，是衡量一个部门、政府办公室工作质量、工作效率的重要标志，即通常说的"形象工程""基础工程""面子工程"。

三、社会主义市场经济体制的建立，为政务信息的发展提供了广阔前景

随着政府职能的转变，政务信息将更多地面向社会，直接为经济建设和社会生活服务。江泽民同志在党的十四大报告中指出，政府的职能主要是"统筹规划、掌握政策、信息引导、组织协调、提供服务、检查监督"。政府进行"信息引导"的对象必然是整个社会。在社会主义市场经济条件下，政府不再直接干预企业的生产经营活动，政府对企业进行宏观管理主要靠占有大量权威信息，在政策、法律、技术、市场等方面给企业以引导，支持企业更好更快地发展。随着社会主义市场经济体制的加速建立和群众自主参与意识的提高，人民群众对政府工作愈益关注。群众向政府反映情况，政务向群众公开，需要通过信息渠道沟通政府与群众的联系。因此，让政务信息向社会开放，是社会发展的一大趋势。

近几年来，全区政务信息工作的发展表明，哪个地方、部门领导重视这项工作，其作用就日益明显。反之，这项工作就难有起色。目前，地、县两级政府政务信息工作要主动进取，趁势而上，乡镇、部门要尽快摸路子、上轨道。要通过切实的努力，逐步实现全区政务信息工作规范化、制度化。

（刊载于 1995 年 11 月 28 日《皖西日报》。作者时任六安行署副秘书长兼行署办公室主任。）

秘书工作者应努力提高信息素质

信息素质的概念是保罗·泽考斯基于 1974 年向全美图书馆与信息学委员会提交的一份报告中提出来的，并被概括为"利用大量的信息工具及主要信息源，使问题得到解答的技术和技能"。

目前，国际上对信息素质还没有统一的定义。我认为，信息素质是一个涵盖广泛的综合性概念，是指人所具有的对信息进行识别、加工、利用、管理等各方面知识与能力的总和。

信息素质，包含四个方面的内容：

一是信息观念——对信息的看法以及对信息本质的认识。

二是信息意识——对信息敏锐的感受力、持久的注意力和对信息价值的洞察力、判断力。

三是信息能力——包括信息的获取能力、加工处理能力和信息传递能力。

四是信息道德——在使用信息技术、充分享受信息资源时，必须以一定的信息伦理和道德准则来规范和约束自身的行为与活动，自觉抵制各种违法的信息行为。

党委系统工作人员要提高信息素质，应从以下四个方面着力：

一、树立正确的信息观

思想决定行动，观念决定出路。党委系统信息工作人员只有牢固树立正确的信息观，才能增强做好信息工作的责任感、使命感和自觉性。在经济全球化和社会信息化的今天，一条有价值的信息，很可能反映经济社会变革的一种新趋势，体现人民群众的一种新要求，进入党委决策，往往会在思想意识形态、经济社会领域或组织管理行为中发挥不可低估的作用。因此，牢固树立"信息是资源""信息是财富""信息是生产力"的信息价值观念，正确认识抓信息工作与抓生产力建设、抓信息工作与抓发展、抓信息工作与抓执政服务能力的关系，切实把本职工作与党和人民的事业紧密地联系起来，把信息工作当成一项事业、一种追求。树立"大信息"观念，不仅要重视文字信息，而且要重视口头信息、新闻媒体信息、网络信息；不仅专门从事信息工作的人员要抓信息，而且在党委办公系统工作的其他同志都要有这种意识和责任。

二、增强敏锐的信息意识

只有具备敏锐的信息意识，才能够从大量零散的看上去带有偶然性、苗头性、动态性的信息中，捕捉到必然性、倾向性、规律性的东西，才能够从看似平淡的事件中，从纷繁复杂的现象中捕捉到潜在的、深层次的、有价值的信息，更好地为党委研究新情况、解决新问题发挥参谋助手作用。

伯乐之所以能够辨别出马的优劣，是因为伯乐有一双善于发现的眼睛。信息工作者也应该像伯乐相马那样有敏锐的眼光，"不为浮云遮望眼"，善于发现"千里马"。

在现实生活中，许多商业巨子的"第一桶金"都来源于一个小小的发现。20 世纪 20 年代，美国人阿曼·哈默在离开莫斯科前的一天突然发现，一支在美国只卖 2 美分的铅笔，在这里竟卖 26 美分。经过进一步了解，他获悉当时苏联正轰轰烈烈地开展扫盲运动，急需大量铅笔。这一信息让他激动不已，他当即就在邻近的德国纽伦堡建起一个铅笔厂。随着大量铅笔销往苏联，美金也源源不断地流进了他的口袋。从事信息工作的同志都应具有这样敏锐的信息意识，养成职业习惯，使自己经常处于一种随时发现和捕捉信息的状态。

如果没有敏锐的信息意识，不但不能做好信息工作，甚至会造成不可挽回的影响和损失。四川的"万州事件"和我省池州的"6·26 事件"，一个重要原因就是信息不敏锐，反应不及时，以致失去了最佳处置时机，教训深刻。信息灵敏、反应及时，就可以把隐患化解于萌芽状态。

因此，党委系统的信息工作人员，要始终保持思维"雷达"的敏锐性，处处留心信息，随时捕捉信息，善于从社会生活的各个方面发现对党委工作有价值的信息，及时上报。

三、提高收集和处置信息的效能

一是提高信息技术能力。当前，计算机信息处理技术为信息快速传递、大量存储、自动编辑、综合分析以及共享提供了技术保障。

熟练运用计算机信息处理技术，是社会信息化的需要，是信息工作发展的需要。

二是提高信息分析能力。站在全局的高度和党委的角度，在充分占有材料和信息量的基础上，以开阔的视野和较强的思维判断能力去审视、思考和分析问题，把零乱的信息条理化、分散的信息完整化、表象的信息深层化。努力提高开发高层次信息的能力，从而为党委提供具有更高参考价值的信息，促进科学决策。

三是提高信息表达能力。信息表达能力是信息工作者观察力、理解力和表现力的综合体现，这需要多看、多写、多练，长期积累，不断提高，从不入门到入门，从初步适应到比较适应，从比较适应到摸索规律，创造性工作。用最准确的语言、最清楚的条理、最精练的文字报送信息。

四是提高信息利用能力。积极探索信息增值渠道，力求将采用件转化为批示件，使信息服务领导决策和促进工作的作用得到体现；有一些信息可以公开，公开以后可以使信息增值，将这部分能够公开的批示件转为新闻件，使信息在更大范围内发挥作用；将批示件转为督办件，跟踪督查，抓好批办事项落实；将督办件转为反馈件，及时发现落实中出现的新情况、新问题，引起领导再重视，促进问题有效解决。

四、养成良好的信息道德

良好的信息道德，是对党委办公系统信息工作人员做好新形势下信息工作的基本要求。一要有正确的政治方向。向党委报送信息是一项政治性很强的工作，只有讲政治、讲大局，才能方向明、思路清。二要有较高的理论修养。信息工作是一项知识密集型的工作，要求信息人员自身有较高的理论修养和合理的知识结构。三要有求真务实的作风。信息工作不是全局但关乎全局，不处中心但影响中心，不作决策但影响决策。信息工作的这种重要地位和作用，要求我们必须具有求真务实的工作作风。信息工作要与调研、督查工作有机结合，杜绝坐在机关等信息、关起门来造信息、浮在机关编信息的做法，改变"就信息抓信息""为考评报信息"的片面做法。四要有爱岗敬业的品质。信息工作是一项服务性工作，要求我们立足本职，争先创优，以奉献为荣，以付出为乐，努力为党委提供优质高效的信息服务。五要有强烈的安全意识。严格遵守国家相关法律法规，遵循信息应用的道德规范，注意信息安全，不该扩大知晓范围的坚决不予扩大，更不得利用信息从事违法活动。

（刊载于中共中央办公厅秘书局《秘书工作》2006 年第 8 期）

建立"大信息"机制
推进全市纪检监察工作

我们现在要抓的信息，不应是小信息，也不能就信息谈信息，而要把信息放在纪检监察工作这个大范围来考量，把信息对我们纪检监察工作的作用放在整体关系上来探讨。我想从两个方面来谈点认识和感受。

一、为什么要建立"大信息"工作机制

建立"大信息"工作机制，是适应信息社会发展趋势的需要。大家知道，我们现在是信息社会，信息量越来越大，信息与时代、与工作的关联度越来越高。在这种形势下，我们纪检监察信息工作也必须与之相适应，与时俱进。否则，不仅信息工作上不去，也难以做好其他工作。

建立"大信息"工作机制，是推进反腐倡廉建设的需要。党的十七大报告把反腐倡廉建设与党的思想建设、组织建设、作风建设、制度建设并提，作为党的建设的五个方面内容之一，并对反腐倡廉建设作出了新的部署。在这种形势下，我们要抓好党风廉政建设，

抓好反腐败斗争，必须建立"大信息"工作机制。

建立"大信息"工作机制，是进一步加强纪检监察工作的需要。最近，市纪委、监察局结合解放思想大讨论，在广泛征求意见的基础上，正在起草《关于进一步加强纪检监察工作的若干意见》，目的是在新的形势下、新的起点上进一步解放思想，开拓创新。毫无疑问，建立"大信息"工作机制，也是进一步加强纪检监察工作的范畴。

从以上三个方面，我们可以看出，建立"大信息"工作机制势在必行。我们必须改变"就信息看信息"的认识，改变"就信息抓信息"的"单打一"做法。

二、如何建立"大信息"工作机制

一是在全方位、多层次、宽领域上下功夫。所谓"大信息"工作机制，一个重要方面就是全方位、多层次、宽领域的信息工作格局。实现这一格局，要求我们注重以下三个方面：

第一，着眼全局，统筹兼顾。我们讲纪检监察工作要围绕大局、服务中心，什么是"大局"，什么是"中心"？前不久，市纪委、监察局组织全体机关干部去市、区、县经济建设第一线参观、考察，就是以这种理念指导，让大家感受经济发展的脉搏，就是要求我们着眼全局，紧贴中心，服务大局，做科学发展观的实践者。只有着眼全局，才能统筹兼顾，才能捕捉到哪些是重要信息。如果把纪检监察工作与经济和社会的发展割裂开来，与党委、政府的中心工作脱离开来，那是做不好工作的。有了这样的全局意识，你就会关注我们当前的重点工作，你就会关注人民群众所关注的难点、热点问题。

第二，点面结合，喜忧并报。要发挥信息点的作用，以点带面。搞信息工作，只报喜不报忧是不对的，问题是怎么报忧。报忧要履行手续，不然会"捅娄子"的。什么时候报，从哪个角度报，报什么内容，报到哪一级，经过谁审批？这是很有讲究的。

第三，全程跟踪，立体开发。一项重要的工作，一件重要的任务，一个重大事件，不是信息报一次就完事的，往往需要我们全程跟踪。但现在通常只报道了它的发生，没有报道它的演变历程、处理过程、处理结果；只报道浅层次的问题，没有报道深层次的信息；只报道它产生问题，没有报道出现问题的原因、解决问题的措施以及解决问题的进展。这也是信息工作上不去的重要原因。要学会连续报道、跟踪报道，循序渐进地利用信息资源。

大家要知道，现在的信息不只是平面信息，不只是纸质信息。在信息社会、信息时代，信息的载体多种多样，例如电脑、电视、电台、图片、手机、报刊、简报、标语，还有口头信息，我们要立体开发，综合利用。公开报道，与信息有密切关系。公开报道有正面作用，既能展示我们的形象，扩大我们的影响，又有很好的教育作用。与党务公开、政务公开，乃至与事务公开相衔接，在电视、电台、报纸、网站上报道适宜公开的信息。最近，我们正对党风廉政网进行全面改版，提升电子信息的水平。

这里还要说的是，信息立体开发，也包括新闻媒体曝光。对负面信息进行曝光，往往是其他信息手段所不能替代的。

二是在领导重视、部门协作、全员参与上下功夫。抓好信息工作是领导的重要任务，领导要认真研究、部署和检查信息工作，及时解决信息工作中存在的问题，经常阅读信息、掌握信息、运用信息来指导工作。领导的重视，应该表现在信息部署、信息把关、信息协调和信息利用上，有些重要的信息要由领导亲自签发。在一个单位，信息工作不光是办公室的事、文秘科的事，各个部门都要抓信息，但办公室、文秘科在信息工作中处于枢纽位置。全员参与，就是要求人人都来当信息员。只有这样，才能做好信息资源的共享与整合、信息力量的共享与整合、信息作用的共享与整合。

三是在提高信息素质、拓展工作途径上下功夫。搞信息工作，只懂得信息重要性是不够的，你的政治素养、业务能力、信息水平，这三个方面都要相适应。而信息水平虽然通过一定的信息数量来反映，但更重要的是反映在信息质量上。当前，如何拓展工作途径呢？一要坚持专兼结合，就是专职信息员与兼职信息员相结合。要建立信息网络，积极发挥网络的作用。二要注重运用文字综合、调查研究、督促检查的手段。三要积极探索激励机制。

（此文是2008年6月26日在马鞍山市纪检监察信息工作会议上脱稿讲话的整理稿。作者时任中共马鞍山市委常委、市纪委书记。）

走出纪检监察信息工作的五个误区

纪检监察信息是党风廉政建设和反腐败斗争实践与发展的客观反映，是中央和地方各级党委、纪委了解情况、科学决策、指导工作的重要依据。当前，对纪检监察信息工作，一些同志认识水平不高，少数人甚至存在错误认识。认识是行动的先导，只有从思想上正确认识信息工作，尽快走出误区，才能在行动上正确对待信息，不断提升信息工作水平。

一、不要认为信息工作是一般性文字工作

一些同志认为信息只是"豆腐块"文章，信息工作人员只是"二传手"，信息工作只是一般性的文字工作。这些同志还没有深入地了解信息工作，没有意识到信息工作的重要性。

信息工作是重要的文字工作。真实、准确是信息工作的生命，一则信息中如果某个重要事实、关键数据存在误差，那就会影响领导的判断和决策，甚至造成严重的后果。同时，信息对篇幅也有严格的要求，如何在较短的篇幅内把经验总结好、把问题说清楚、把原因分析透、把建议提准确，需要有很强的文字综合能力。可以说，

信息虽然比不上领导讲话、工作报告、理论文章和新闻报道那样受众广泛，但对文字的要求丝毫不低。

信息工作的特点，决定了信息"工夫在诗外"。第一，信息工作是辅助决策的"情报部"。当今社会，信息的获取、处理和传输已逐渐成为社会运作的核心，成为开展工作不可或缺的基本手段。各级信息部门报送的信息刊物，已成为领导掌握情况、科学决策、推动工作的重要载体。第二，信息工作是反映情况的"直通车"。信息刊物把各类信息直接送到相关领导同志案头，具备其他载体无法比拟的快速、便捷优势。各地各部门既可以通过信息渠道反馈工作中取得的成果、存在的困难，让领导掌握工作推进情况，也可以反映苗头性、倾向性问题以及通过深入思考提出的对策，供领导决策参考。第三，信息工作是推动工作的"催化剂"。面对一个好的信息素材，如果信息员能站在相应的高度、选择正确的角度，全面综合、深入挖掘、认真剖析，形成一篇高质量的信息文稿，往往能引起领导的高度重视，进而推动相关工作的深入开展。

二、不要认为信息工作仅是信息员的事

谈到信息工作，一些同志的第一反应是，这是信息职能部门的事，是信息员的事，做好做坏与我无关。形成这种错误认识的原因，主要是领导对信息工作重视不够，没有形成良好的信息资源整合和工作压力传导机制。

第一，领导重视是做好信息工作的首要条件。信息工作是领导工作的重要组成部分。从这个意义上说，信息工作首先是领导同志

的事。各级各单位的主要负责同志要经常关心、过问、支持信息工作，给分管领导和职能部门交任务、压担子。要给信息员创造必要的工作条件，允许他们参加重要会议和活动、阅读重要文件和材料，带着他们深入基层和一线走访，掌握第一手资料、作出第一道研判。对于重要工作进展情况和各类苗头性、倾向性问题，要亲自开展调研、拟定题目，并组织力量精心撰写。

第二，整合资源是做好信息工作的重要基础。信息工作涉及面广、事关全局，随着反腐倡廉建设各项工作的推进，机关内部、基层单位、高校和企业中都存在着大量的信息，仅仅依靠信息职能部门和信息员的力量，是难以全面、及时、准确地收集、整理和报送的。为有效整合信息资源，安徽省纪委近期先后发出三个通知，从建立机关内部兼职信息员队伍、建立基层纪委重点信息报送机制、确立信息报送重点单位等角度，就加强信息报送工作提出了明确要求。

第三，传导压力是做好信息工作的有效举措。我们确定兼职信息员和信息报送重点单位，向机关和基层延伸信息采集触角。同时，通过加强考核来传导压力，通过加强激励来提升动力。目前，安徽各地纪委普遍出台了信息工作目标管理、考核通报等制度。有的地方将纪检监察信息工作纳入委局领导班子成员分片联系纪检监察工作内容之中，纳入年度党风廉政建设责任制考核之中；有的地方实行信息工作"一票否决"，明确规定未完成信息工作目标任务的，不得评先评优；有的地方对编报高质量信息被上级采用、获领导批示的信息员给予奖励，有力地调动了机关同志编报信息的积极性。

三、不要认为地域小、人口少，信息量就少

从全国和安徽近年来纪检监察信息工作综合考核的排名来看，信息工作成绩的取得与地域、人口、本地工作开展情况等因素没有必然的关联性。应该说，信息工作是个开放性和自由性较强的工作，走在发展前列的地方，可以采集编报本地的特色做法、成功经验，以及随着经济社会发展出现的新动向、新特点；发展相对滞后的地方，可以深入分析编报工作中存在的困难和问题，以及这些问题背后的深层次原因。"事在人为，业在人创。"要追求信息的质和量，应在以下几个方面下功夫：

一是基础要牢、作风要实。在工作实践中，有的地方和单位往往因信息员工作岗位调整导致信息工作严重滑坡。这就警示我们，各地各单位必须打牢基础、完善机制，切实改变仅靠个别信息员的个人能力支撑信息工作的局面。同时，广大信息员也要扑下身子、埋头钻研，不断报送高质量的精品信息。

二是站位要高、视野要宽。纪检监察信息工作要站在全国、全省的高位上，站在党委、纪委的高位上，站在反腐倡廉建设大局的高位上，去观察和分析问题。要不断丰富信息反映的内容，努力拓展信息工作的广度和深度。同时，随着信息社会的发展，互联网和其他各类媒体中有大量的信息资源，广大信息员可以从琐碎的网络信息中寻找线索，通过自己的深入分析形成有价值的信息。

三是角度要准、编报要快。一个优秀的摄影工作者，常常在拍摄的角度问题上费尽心思；一个优秀的信息工作人员，常常在编报的角度问题上苦心钻研。总结经验，要找准角度；剖析问题，也要

找准角度。在不改变内容实质的前提下，把握分寸，变换角度，不但能有效规避信息风险，而且能使信息价值提升。做信息工作，还要与时间赛跑。再好的信息，如果错过了报送时机，就失去了决策参考价值。

四、不要认为信息报送后就一劳永逸

基层有很多信息员是兼职的，工作压力大，在遇到信息素材时往往一报了之，不注重对信息素材的深入挖掘和持续开发。其实，信息编发是个动态过程，更是个系统工程，需要下大力气去开发和拓展。

一要树立持续开发信息理念。对一段时期的中心工作，要有序开发。对工作中存在的困难和问题、得到的经验和教训，以及通过具体实践和深入思考得到的启发和体会，要始终关注，持续报送。对本地本单位工作中的亮点，要重点开发。对工作中的新方法、新成效、新经验，要加大宣传力度，引起领导重视，力争在更大的范围内加以推广。对存在的突出问题，要深度开发。对有普遍性的易发问题加以归纳和梳理，找出其中潜藏的规律性和倾向性；对有典型性的严重问题开展调研和剖析，找出其中存在的苗头性和危害性。对重大舆情和紧急性事件，要动态开发。及时报送事件的发展动态，持续反映事件的后续处理情况，以及本地本单位在事后查找的问题和漏洞，健全的制度和机制，部署的教育、整治活动等。

二要牢固树立"大信息"意识。要跳出信息工作本身看信息，对于一些高质量的非涉密信息，在上报的同时，要积极向各类媒体投稿。这样做，不仅可以提升信息的潜在价值和使用价值，扩展信息工作成果，而且适应了党务公开、政务公开的大趋势。同时，可以推广反腐倡廉的创新做法，发挥典型案件的警示教育作用，扩大纪检监察工作的影响力和威慑力。

五、不要认为问题类信息一概难报

多年来，由于各级领导对问题类信息严格把关，信息报送中不少地方和单位报喜不报忧，更多的是报喜多于报忧。即便是报忧，也存在典型案件类信息分析不透，突出问题类信息数据较少、说服力不强，紧急事件和重要舆情类信息不够及时、全面、准确等问题。

报送问题类信息有风险，但不能因此而退却或放弃。能否说服本级领导同意报送问题类信息，进而引起上级领导重视，促进问题解决，是衡量和检验各级信息员工作水平的一个重要标准。当前，要重视做好四类信息的报送：一是典型案件类信息。着眼于案件的典型性，注重揭示案件背后的深层次问题，提出针对性强的对策建议。二是突出问题类信息。着眼于观点的准确性，注重用翔实的数据、典型的事例加以说明。三是紧急事件类信息。着眼于信息的时效性，注重全面掌握和及时报送相关情况。四是重要舆情类信息。着眼于信息的导向性，注重加强对舆情的综合分析，及时反映调查核实的真实情况。

同时，要在提高问题类信息报送水平上下功夫。对于本地区、本部门发生的重大、突发事件，在迅速上报相关事实之际，可以将自身对问题的重视程度、处理事件的严肃态度以及采取的解决措施、取得的效果反映上去，这样既符合信息工作的要求，也有利于自身在工作中掌握主动。对于查处的典型案件和存在的突出问题，则要讲究报送的策略和水平，掌握报送的时机、角度和分寸，必要时要学会问题信息正面报，即反事正报。同时，对于问题类信息的报送，要严格遵守审批程序、加强把关，确保真实、准确；凡有报送时限要求的，严格在规定的时限内报送，坚决防止迟报、漏报、瞒报现象发生。

（刊载于中共中央办公厅秘书局《秘书工作》2012年第8期。作者时任中共安徽省纪委常委、秘书长。）

党委领导与调查研究

一、党委领导要带头开展调研工作

调查研究是领导工作的首要任务，是决策者的思想方法和工作方法。领导者肩负着决断大事、谋划大局的职责，而调查研究则是决策的基础和前提。没有调查研究就没有决策权。李瑞环曾经讲过，离开领导的研究是"白"研究，离开研究的领导是"瞎"领导。重视不重视调查研究，会不会调查研究，是衡量一个领导干部思想政治是否成熟、工作作风是否扎实、工作方法是否科学的重要标志。领导在工作中带头调查研究，首先要在思想上重视，特别要认识到加强新形势下的调研工作，是提高党的执政能力的必然要求。领导同志带头调查研究，就要养成调查研究的良好习惯。不仅亲自出马，还要做调查研究的组织者和指导者，抓住影响本地本部门本单位改革发展稳定中的重要问题，确定调研课题，参加调研活动，亲自撰写调查报告，并逐步形成制度，长期坚持。党委领导带头调查研究，必然会形成方方面面参与调研的良好风气，对于更好地提高调研成效，并使调研成果得到转化，具有重要的作用。

二、党委领导要在提高调研人员素质、创造调研工作良好环境上下功夫

第一，充分发挥政研部门的作用。政研部门是党委科学决策的参谋机构，其主要职能是遵循党的基本理论和基本路线，紧紧围绕党的中心任务开展调查研究，为党委了解情况和掌握政策，制定正确的决策和有效执行决策服务。政研部门的职能重要、岗位重要，我们要十分重视政策研究工作。市、县（区）政研室是我市党委系统主抓调研工作的综合研究部门，党委领导要经常给他们出题目、提要求、压担子、交任务，发挥其对调研工作的咨询、组织、联络、协调作用，构建"大调研"格局，形成调查研究的整体合力。从我们了解的情况看，目前，少数县区的政研室工作人员存在"一缺、二弱、三闲"的问题。缺，是指人手少，难以适应调研工作的需要；弱，是指能力较弱，缺少从事政研工作的基本素质；闲，是指领导交任务不多，自己主动性不强。这些状况，必须尽快改变。

第二，全面加强政研队伍的建设。要不断提高政治和业务素质，努力使每一位调研工作者都具有坚定的理想信念、高尚的道德情操和优良的政治品质；具有比较扎实的理论功底、比较丰富的专业知识和较高的理性思维及研究写作能力；具有严明的纪律观念、实事求是的工作作风、淡泊名利的境界和艰苦奋斗的精神。要重视把思想过硬、业务能力强、有奉献精神、有培养前途的干部充实到调研队伍中来，努力建设一支政治坚定、素质过硬、充满活力的调研队伍。

第三，努力营造良好的工作环境。政研部门是冷部门，探索的

问题处于前沿，人却在幕后，工作辛苦、清苦、艰苦。党委领导一定要重视、关心、支持他们的工作，真正做到用感情留人、用事业留人、用适当的待遇留人。

三、党委领导要重视调研成果的转化运用

调研成果包括两方面的内容，主要包括调查资料和调查研究报告，它是调研工作者的心血和汗水，是领导者进行科学决策的重要依据。调研的目的全在于运用。衡量我们的调研成效，主要不是看一年形成多少调研报告，而应重点看调研成果的转化运用。因此，提高调研成果的转化率，必须坚持"两个转化"，就是使调研成果转化为领导决策，转化到实际工作中。各级党委领导要高度重视调研成果的应用，注意采纳调研机构有价值的对策建议，吸收他们有见地的思想成果，及时转化为决策。要善于运用调查研究的成果指导和推动实际工作，避免研用脱节，形成"两张皮"。

（刊载于中共安徽省委政研室《安徽调研》2005 年第 1 期，原题为《加强领导开拓创新 进一步做好新时期调研工作》。）

与时俱进　做好调查研究工作

随着社会主义市场经济体制的不断完善和全球经济一体化步伐的加快，我们面对的形势和任务发生了重大变化，这给调查研究工作提出了新的更高的要求。新时期调研工作如何与时俱进、开拓创新？党委办公室如何进一步提高调研工作水平，更好地发挥参谋助手作用？我认为，应做到以下几点：

一、谋事求早

调查研究，基础在调查，功夫在研究，实质在参谋。党委办公室是党委的参谋部、智囊团，尽管工作具有从属性和被动性，但应该而且必须充分发挥自己的主观能动性，在被动中求主动，扎扎实实地做好调研工作，为领导决策当好参谋。这就要求调研工作要努力实现由单纯领导交办向领导交办与主动谋划相结合的转变，并在谋划中力求一个"早"字。谋事求早，关键是做到适时有效，思领导之所急，谋领导之所需；谋事求早，还要把握前瞻性，尽可能早半拍、快半拍，多未雨绸缪，少亡羊补牢，多当事前"诸葛亮"，少放"马后炮"。

二、选题求准

选题是调查研究的龙头。选题准确与否，直接影响着调研的深度、广度和调研成果的价值。如何选准课题？一要把握需求性原则。所谓需求性原则，就是"市场"原则。只有满足服务对象需求的调研课题才有价值。需求性与调研课题的价值成正比，需求性越大，价值就越大，反之价值就越小。二要把握实用性原则。党委系统的调查研究不同于学术研究，其最大特点是要解决实际问题，要务实不要务虚。要从实际出发，摸实情、出实招、求实效；要分清轻重缓急，从最紧迫的问题入手；要立足前沿，研究解决人们关注的热点、难点、重点和焦点问题。三要把握创造性原则。要选择那些别人没有提出来，以及提出来了但没有解决，或没有完全解决的问题。对这样的课题进行调研而得出的结论，才有可能具有创造性和突破性，才有可能引起领导的重视。四要把握可行性原则。根据调研主体与客体的现实条件来选择调研课题，既考虑需要，又考虑可行。选择的调研课题，必须与自身的人力、物力、财力和时间等条件相适应，坚持力所能及，避免力所难及，杜绝力所不及。

三、机制求活

调研机制是调研工作与调研成果的桥梁，做好调研工作必须有一套良好的机制作保障。建立适应形势和任务不断发展需要的调研机制，要注意这样几个方面：一是机制的整体性。构筑上下联动、左右互动、齐抓共管的"大调研"格局。二是机制的立体式。信息、调研、督查、办文和文字综合等都是办公室工作的有机组成部分，都是非常重要的工作。搞调查研究，也应该立体式地抓，把调查研究与其他工作紧密结合起来，克服"单打一""独角戏"的现象。三是机制的开放性。在改革开放的条件下，调研机制也有一个开放的问题，横向、纵向、外向都应跟上。横向，需联合部门；纵向，需发动基层；外向，需借助外力。总之，健全的机制对做好调研工作是十分重要的，要建立健全调研工作机制，并常抓不懈，持之以恒，使良好的机制成为做好调研工作的可靠保证。

四、思路求新

创新是调研工作的灵魂。要不断发现新问题，研究新情况，总结新经验，提出新思路。观念决定思路，思路决定出路，而影响观念、思路和出路的一个重要因素是思维。调查研究工作作为智力劳动，必须依靠创新思维来实现新的突破和跨越。我们要不断解放思想，顺应历史潮流，跟上时代步伐，努力学习和掌握现代思维方式，突破思维定势，不断锤炼自己的创新思维能力。需要注意的是，我们强调思路求新，并不是说可以违背客观规律，而是要求更好地运用新的思维方式去解决问题。

五、探索求深

以探索之深度，求挖掘之深度。要以实求深，以深求是，以是求效。求真务实是调查研究的目的，调查研究是求真务实的重要途径。求真务实，是认识过程的两个飞跃。求真，反映的是认识过程的第一个飞跃，即由感性认识到理性认识的飞跃。务实，是认识过程的第二个飞跃，即由理性认识到实践的飞跃。实现这两个飞跃，就需要调查研究。"调查研究"四个字，调查在前，研究在后，要有机结合，不能只调查不研究，也不能只研究不调查。调查是一项艰苦的工作，但相比起来，研究是一个更加艰苦的思考过程，需要从调查得到的大量事实中作全面系统的思考，并经过科学的提炼、概括和总结，找出事物发展的内在规律。实事求是贵在"求"，"求"就是研究，这是由事物发展的特殊性、社会环境的复杂性和被调查主体的多样性所决定的。我们要学会在理论与实践、一般与个别、领导与群众、主体与客体的有机结合中深入探索，在"去粗取精、去伪存真、由此及彼、由表及里"上花气力、下功夫。只有这样，才能从感性上升到理性，从具体升华到一般，找到解决深层次矛盾的办法，从而为决策提供可靠的依据，为发展奠定坚实的基础。

（刊载于中共中央办公厅秘书局《秘书工作》2005 年第 1 期"秘书长论坛"专栏。2005 年 3 月，此文被中国管理科学研究院人文科学研究所评为中国新时期人文科学优秀成果一等奖。）

党委系统调研工作的理念与机制

调查研究是我们党的优良传统和基本工作方法。面对新形势、新任务，调查研究工作如何贴近，如何创新，需要我们深入思考，不断探索。树立新理念，建立新机制，至关重要。

一、做好新形势下的党委系统调研工作，必须牢固树立新理念

理念是工作的灵魂和方向。新形势下，党委系统调研工作应主要树立以下几种新理念。

一是执政理念。我们党是执政党，党委系统的调查研究与执政密不可分。从一定意义上说，调研工作为党委服务，也就是为党执政服务。因此，牢固树立执政理念，是调研工作的生命所系、使命所在。从党委来说，要把调查研究作为党委"总揽全局、协调各方"的重要基础工作来抓。党委及其部门的领导同志要通过深入一线、扎扎实实地调查研究，吃透上情，摸透下情，了解外情，掌握内情，真正提高党委"总揽全局、协调各方"的能力。从党委系统办公室（政研室）来说，要把调查研究作为提高执政服务能力的重要基础工作来抓。党

委系统办公室（政研室）是调查研究工作的主要承担者，是党委的参谋部、智囊团、思想库。要站在党委执政高度，把带有全局性的重大战略、政策、决策以及重大经济社会问题作为调研主攻方向，为党委议大事、谋大事、抓大事提供决策参考。要主动作为，积极搭建对接党委及领导所思所谋的平台，想领导之所想、想领导之未想，真正"参"在点子上，"谋"到关键处，努力提高执政服务的层次。

二是发展理念。发展，是我们党执政兴国的第一要务，也应是党委系统调研工作的第一理念。牢固树立发展理念，要求我们以科学发展观统领调查研究工作，"围绕发展抓调研，抓好调研促发展"。科学发展观是指导发展的世界观和方法论，也是开展调查研究工作的行动指南。从世界观方面来说，调查研究必须把实现经济社会又好又快发展作为出发点和落脚点，为党委提供有价值的决策依据和对策建议。从方法论方面来说，调查研究要全面，不能片面；要客观，不能主观；要系统，不能支离破碎；要定量精细、定性准确，不能粗枝大叶；要就事论理、以小见大，不能就事论事。只有这样，才能清晰地展现所调查事物或现象的真实面貌，找出解决问题的最佳办法，推动科学发展。

三是决策理念。为党委科学决策、民主决策服务，是党委系统办公室（政研室）调研工作"以调辅政、以研立策"的最直接要求。树立决策理念，要求调研工作既要为制定决策服务，又要为落实决策服务。一方面，我们要适应新形势、新变化，围绕中心、服务大局，从党委决策需求出发，开展调研工作，积极献计献策。要着眼于加快经济社会跨越式发展，主动开展政策类决策调研，为党委出台政策提供决策依据和对策建议。要围绕经济社会发展中的重大问题，适时开展战略决策调研，进一步完善党委决策思路。要针对经济社会发展的热点、难点和苗头性、倾向性问题，积极开展对策调研，并推动领导决策。要瞄准改革发展中的亮点，开展经验性调研，为党委推动面上工作提供决策参考。要围绕党委即将作出的重大决策事项，开展深入调研，及时提供具有针对性和可操作性的决策方案。另一方面，我们要为落实党委决策做好调研服务。对于党委已经作出的决策，要通过调研，促使决策转化为部门和基层的自觉行动。对于正在实施中的决策，要通过调研，总结落实的经验，分析未落实的原因，并提出对策，促进落实。对于外在环境和条件在实施过程中发生了变化的决策，要通过调研，及时提出建议，或修订决策目标，或完善配套措施，或重新决策。总之，调研工作要在党委决策全过程中发挥作用。

二、做好新形势下的党委系统调研工作，必须积极建立新机制

理念是机制的导向，机制是理念的载体。我们要与时俱进地做好调查研究工作，既要有新的理念，又要有新的机制。创新调研工作新机制，不仅是推动调查研究工作的重要保障，也为调研工作提供了内在而持久的活力。

一要建立重调带研的领导机制。调查研究是领导者的一项基本功。重视调研、带头调研，既是新时期对领导干部的要求，也是建立新的调研工作机制的重要内容。各级党委要重视调查研究工作，支持调研活动，为调研人员创造工作条件，经常出题目、交任务、

压担子、用成果。各级各部门领导同志要身体力行、率先垂范，带头调研，既"挂帅"又"出征"，经常下基层了解新情况，解决新问题。每年要牵头抓一到两个重大课题的调研，并自己动手撰写有深度、有力度、有见解的调查报告。

二要建立共调合研的协作机制。新时期、新形势，需要我们树立大调研意识，构建大调研格局。要采取联合、委托、邀约等调研形式，整合社会调研资源，建立以党委办公室（政研室）牵头、部门配合、专群结合、多学科联合的调研格局，形成密切配合、互相支持、共享资源、协作联动的工作机制。要密切各级党委办公室政研工作的联系，建立调研网络、调研工作联席会议制度，发挥调研主渠道作用。党委办公室（政研室）要形成全室办调研的合力，特别是要建立调研与文字综合、信息、督查等方面互补互促的工作机制。要建立调研基地，选择一批有代表性的乡镇、村（社区）、企业、农户作为调查研究的观察点，并实行动态管理。要建立调研特约研究员和联络员制度，发挥"外脑"的作用。要加强重点调研课题的组织、联络、协调和督查工作，必要时可向社会公开，充分利用社会资源，借助外力攻关。

三要建立真调深研的长效机制。调查研究是一项经常性工作，必须建立长效机制。要建立调研规划机制，根据经济社会发展需要和阶段性任务，制定长期、中期和年度调研计划，拟定调研课题，使调研工作有章可循、有据可依，成为各级党委自觉的、经常的行动。要建立目标管理机制，将调研活动、课题攻关、报告起草、成果运用等工作内容进行量化，以调研工作目标任务完成情况为年终考核、评优的依据。搞好调查研究，要求我们既要"真调"，又要

"深研"。"真调",就是要走出去、沉下去,深入实际、深入基层、深入群众。否则,双脚就会"踩空",头脑就会"发空",问题就容易"抓空"。"深研",就是要在深入研究上下功夫,查实情、报实数、出实招、求实效。只有真调深研,才能完成"去粗取精、去伪存真,由此及彼、由表及里"的调研任务,真正把握事物的发展规律,从感性认识上升到理性认识,从具体升华到一般,从而抓住事物本质,揭示主要矛盾,找出解决办法。我们要积极创新调研工作方式方法,并把实践中形成的一些好的经验规范化、制度化,形成推进新时期调研工作的长效机制。

四要建立运用成果的激励机制。调研成果转化为党委决策是党委系统调研活动的最终目的,也是调研价值的最充分体现。衡量调研工作的成效,既要看是否多出成果,又要看是否多用成果。各级各部门对调研形成的重大成果,要通过一定的载体及时呈送领导参阅,使调研成果成为领导决策不可或缺的重要依据。党委办公室要及时刊发有参考价值的调研文稿,使党委领导能全面掌握调研动态,以便及时运用调研成果。要建立调研成果评选机制,及时表彰奖励优秀调研成果和调研工作先进集体、先进个人,并形成制度导向,充分调动广大干部做好调研工作的积极性、主动性和创造性。要加大调研成果的宣传和推广力度,在为党委服务的同时,促进一些调研成果向社会信息资源的转化,扩大社会影响力,使调研成果的效益最大化。

（刊载于中共中央办公厅秘书局《秘书工作》2007年第8期。此文收入中国国际图书出版有限公司2008年1月出版的《中国经济社会发展文献》一书。）

做好纪检监察调研工作

调查研究是我们研究问题、制定决策的重要基础，是总结经验、指导工作的重要方法，也是狠抓落实、推进工作的重要途径。当前，正确把握新形势对调查研究工作的要求，进一步加强纪检监察调研工作，对于加强党风廉政建设和反腐败工作具有重要的作用。

围绕中心 服务大局

服务党委、政府中心工作，是各级纪检监察机关的主要职责，也是调查研究工作必须始终坚持的重要原则。要以服务全市经济社会发展为首要任务，主动深入改革开放和经济建设的第一线，大力开展调查研究，及时发现和解决影响、制约改革发展稳定的突出问题，保障和推动科学发展观的全面贯彻落实；要围绕营造风清气正的良好环境，深入研究解决当前我市党风廉政建设中存在的突出问题，加强作风建设，优化发展环境；要深入研究解决影响党员干部干事创业的突出问题，推进改革创新，加快发展步伐；要围绕社会和谐稳定，深入研究解决损害群众利益的突出问题，维护群众利益，促进社会和谐。

当前，特别要深入研究在经济形势复杂困难的情况下，如何切实有效地开展反腐倡廉工作，促进中央关于"保增长、保民生、保稳定"的重大决策部署落到实处；要深入研究各级保增长、促发展政策措施贯彻落实过程中可能出现的问题，从反腐倡廉的角度提出防范和解决问题的对策措施，更好地服务、保障和促进经济平稳较快发展。

突出重点　主攻难点

当前，反腐倡廉建设面临的问题很多，任务很重，调查研究工作不可能面面俱到，也不能"眉毛胡子一把抓"。

其一，要抓重点。以完善惩防体系为重点推进反腐倡廉建设，是党中央深刻总结反腐倡廉实践经验作出的重大决策。加快构建具有马鞍山特色的惩治和预防腐败体系，是我们当前和今后一个时期的工作重点，也是调查研究必须牢牢把握的重点。关于惩防体系建设，中央《实施纲要》及五年《工作规划》、省委《实施办法》和市委《实施意见》，已作出了全面部署，但是惩防体系建设是一项艰巨复杂的工程，有许多问题需要进一步研究解决。要围绕市委《实施意见》中所确定的惩防体系建设目标任务，深入开展调查研究，积极探索如何系统有效地开展教育、制度、监督、改革、纠风、惩处等六个方面的工作，深化对新形势下反腐倡廉建设特点和规律的认识，研究提出惩治和预防腐败体系建设的新思路和新办法。要通过调查研究，及时抓住工作中的突出问题，提出一些操作性强、行之有效的新举措，促进拒腐防变教育长效机制、反腐倡廉制度体系和权力运行监控机制的建立健全，不断推进具有马鞍山特色的惩治和预防腐败体系建设。

其二，要攻难点。 随着党风廉政建设和反腐败斗争的形势发展，人民群众对反腐倡廉建设的期望越来越高，纪检监察工作中不断呈现出一些难点、焦点问题，急需我们努力分析和认真解决。问题的难度越大，往往研究价值越大，调研成果的实用价值也越大。只有"把准脉、看准病"，才能"开对方，医好病"。搞调查研究，很重要的一条，就是要忙在点子上，谋在关键处。要集中力量攻难关、破难题，提出对策建议，制定政策措施，解决具体问题，做到既谋事又成事，切实增强反腐倡廉的针对性、实效性。比如，研究如何紧紧围绕对权力的制约和监督，建立健全决策权、执行权和监督权既相互制约又相互协调的权力运行新机制；研究如何依靠群众的支持和参与、不断推进基层民主建设和党风廉政建设，为探索民主治腐之路提供理论支撑。

紧贴实践　注重实效

调查研究要求我们既要真调，又要深研。只有真调深研，才能完成"去粗取精、去伪存真，由此及彼、由表及里"的调研任务，真正把握事物的内部联系，从感性上升到理性，由具体升华到一般，从而抓住事物本质，揭示主要矛盾，找出解决办法。我们开展纪检监察调查研究的根本目的在于服务党风廉政建设和反腐败工作，最终目标在于推动反腐倡廉建设更好地开展。我们要坚持理论与实际、研究与应用相统一，致力于研究解决反腐倡廉工作中出现的各种问题，不断增强工作的预见性和前瞻性。

随着反腐倡廉工作的深入开展，新办法、新举措、新经验大量涌现，及时把实践中产生的新鲜经验加以总结、提炼和推广，指导反腐倡廉建设，对于提高工作水平非常重要。要充分尊重基层和群众的实践创新，及时总结推广党风廉政建设和反腐败斗争中的好经验、好做法，进一步提高调查研究指导工作实践的成效。古人云："文可载道，以用为贵。"我们要进一步加强成果转化工作，努力让更多的调研成果进入决策视野，转化到党委、政府和纪检监察机关的工作部署中，转化到相关的政策法规制度中，转化到对反腐倡廉工作的指导中。

领导带头 全员参与

加强调研工作，领导干部首先要发挥带头作用。从一定意义上说，领导干部调查研究的水平有多高，指导工作的水平就会有多高。纪检监察机关的领导干部尤其是主要领导，要带头做调研工作的实践者、指导者和协调者，不能坐在机关里，陷于琐碎事务，以道听途说代替调查，凭主观臆断定出政策。每个领导干部要身体力行，既"挂帅"，又"出征"，多做调查研究，多进行学习思考，多向实践请教，亲自动手撰写有深度、有力度、有见地的调研报告。要坚持把调查研究作为领导工作的基本方法，确保反腐倡廉建设推进到哪里，调研工作就跟进到哪里。每年要主持一两个重大课题，进行深入调研，分析问题，提出举措。要建立完善调研工作机制，围绕一项决策、确定一个班子、一名领导领题、相关方面联动，形成一个或多个调查报告，制定一个或一套文件制度，推动一个方面工作落实。

调研工作不光是研究室的事，而是纪检监察各部门和全体工作人员的共同任务。从事纪检监察的工作人员都要适应新形势、新任务的需要，自觉加强政治理论和专业知识的学习，不断提高自身素质，不断增强发现、研究和处理问题的能力。要建立健全调研工作责任制，重点调研任务要层层分解、分级落实，通过制度把调研工作转化为广大纪检监察干部的自觉行动，使之内化于心、外化于形。要通过领导带头调研，全员参与调研，努力在全市纪检监察系统形成认真学习的风气、调查研究的风气、积极探索的风气、求真务实的风气。

加强协调　创新方法

一是加强组织协调。上下级、横向部门之间要加强联系沟通，对重点课题要进行联合攻关，避免多头调研或重复调研。要注意发挥专长、各有侧重。市直机关派驻纪检监察机构，要发挥既熟悉部门具体业务又熟悉纪检监察工作的优势，开展一些具有行业性、领域性特色的课题调研；县、区纪检监察机关，要发挥信息资源丰富、信息反映灵敏的优势，注意信息的捕捉和收集，及时反映干部群众的思想动态、社情民意以及反腐倡廉的新鲜经验，有条件的可以搞一些短平快的课题调研；市纪委研究室有掌握全局情况的优势，要做好重点课题调研、理论研究和指导服务工作。要探索建立领导调研联系点制度，深入经济建设的最前沿，深入腐败现象易发多发的重要部位和关键环节，寻找有效防治腐败的办法和途径。要加强同党委、政府、其他主管部门，特别是经济管理部门的联系，加强同高等院校、市委党校、社科研究机构等单位的联系，注意发挥专家学者的专业特点和智力优势，为反腐倡廉工作献计献策。要着力构建上下联动、横向协作、专兼结合、多方参与、协调配合的大调研工作格局。

二是创新方式方法。调研工作的方式方法直接关系调研工作的质量和水平，必须切实加以改进，不断开拓创新。要特别重视运用现代调研手段推进调研工作，对已经掌握的调查材料，要善于综合运用信息论、系统论、控制论等理论以及定性与定量分析等方法，进行多层面、多角度的系统研究，准确判断并把握反腐倡廉工作的规律和特点，得出科学的工作思路和有效的工作措施。创新是提高调查研究工作能力和水平的根本动力。只有破得旧说，才能立得新论。要敢于从因循守旧、墨守成规的思维桎梏中解脱出来，善于推陈出新，使提出的对策出新意、上水平；要有见微知著的洞察和分析能力，善于从纷繁复杂的事情中抓住主要矛盾，提出有针对性的措施；要紧紧抓住新的带有普遍性的问题，捕捉一般性工作中难以觉察到的苗头性问题，剖析显性和潜在的矛盾，把问题摸透，探索反腐倡廉建设的新路子。

（根据 2009 年 4 月 23 日在马鞍山市监察学会第二次代表大会暨纪检监察优秀调研成果表彰会上的讲话整理）

以深入调研推进纪检监察机关"三转"工作

转职能、转方式、转作风，是党的十八大以来中央纪委对纪检监察系统的重要部署，是纪检体制改革的重要内容，是适应当前党风廉政建设和反腐败斗争形势任务的重要举措。推进"三转"需要加强调查研究，也对调研工作提出了新要求。

一、安徽的做法

（一）应天时，接地气

所谓"天时"，是指中央的精神、上级的部署。应天时，就是要把握大势、不误时机。党的十八大以来，安徽省纪委根据中央纪委、省委部署和本省实际，开展了一些重大的调查研究活动。就如何构建不敢腐、不能腐、不想腐的长效机制这一课题，在认真调研的基础上提出建议，不少建议已被省委采纳。强化权力运行制约和监督体系的调研，提出"健全四类制度""深化五个机制""完善三项机制"的意见，调研报告被中央纪委《党风廉政建设》刊载。"三严三实"的学习研究文章，以省纪委理论学习中心组名义在《安徽日报》全文发表。

所谓"地气",是指工作的需求、基层的实际。接地气,就是要有的放矢、求真务实。比如,关于纪检体制改革,中央已有总体部署,中央纪委正在陆续出台一些方案。如何处理全面统筹和重点突破的关系、顶层设计与基层探索的关系、长远谋划与立行立改的关系,需要我们调研工作"接地气"。今年(2014年)初,安徽安排三个组,深入基层开展纪检体制改革专题调研。这些调研很有必要,基层有基层的实际、基层有基层的建议,对我们更好地落实中央改革举措有着重要的作用。

实践表明,应天时、接地气,因时而动,因需而研,会有效增强调研工作的针对性和时效性。

(二)课题引,领导带

课题引,就是发挥课题的引领作用。近年来,安徽省纪委推行调研课题制,以重点课题来引导调研、推动调研、提升调研。各级纪检监察机关年初抓课题分解,年中抓调研实施,年底抓成果汇集。2013年,全省完成中央纪委、省纪委重点调研课题30篇,市级重点调研课题近200篇。今年,已有一批调研成果得到有效应用。

领导带,就是发挥领导的带头作用。省纪委监察厅班子成员把调查研究作为领导工作的主要方式,在思想上重视调研、课题上领衔调研、工作上支持调研,注重通过调研来指导推动工作。省纪委监察厅多位领导主持和参加的调研课题成果,在中央纪委评选中获得特等奖、一等奖等奖项。

课题引、领导带,不仅有利于调研氛围的形成和调研质量的提高,而且还有利于重点课题的突破和重要工作的推进。比如,廉政风险防控是安徽省纪委近年重点推进的工作，省委常委、省纪委书记王宾宜高度重视，把调查研究作为做好这项工作的有效途径。从开展试点到全面推进，王宾宜书记多次到市县、到省直部门面对面调研。通过召开座谈会、交流会、汇报会、研讨会，针对不同阶段工作需要，提出指导意见，有效推进全省廉政风险前期防范、中期监控、后期处置机制的建立和完善。

（三）抓活鱼，剖死雀

抓活鱼，就是对党风廉政建设和反腐败工作的有效举措、新鲜经验要善于捕捉。对调查研究工作来说，主要体现在两个方面。一是信息报送。信息工作相当重要，很多重大的调研成果都是从调研信息开始的。这就要求我们将调研工作与信息工作有机结合起来，不断提升调研信息的数量和质量。二是经验总结。把基层符合实际、有效管用的做法总结提炼，使点上的经验在面上推广。能不能捕捉、会不会总结，是直接影响研究工作成效的重要方面。近年来，安徽省纪委及时总结了合肥市创新建设领域公共权力监管模式的经验、芜湖市建立"用人、用钱、用地、用权"为核心的廉政制度体系的经验、马鞍山市建立领导干部廉洁自律预警机制和公共权力规范运行预警机制的经验，都起到比较好的效果。抓活鱼，需要有主动捕捉的意识、善于捕捉的水平。

剖死雀，喻义是对腐败问题产生的原因、惩治和预防腐败的对策要精于探秘。解剖麻雀，以小见大；剖析案件，以案为鉴。我们查办案件，实行一案一报告、一案一剖析，深刻分析发案原因，揭示其警示意义，查找制度漏洞，提出对策建议，在加大治标力度的同时发挥治本功能。省纪委会同中央纪委对我省国土部门违规交易补充耕地指标系列案件开展调研剖析，提出集中整治、深化改革、完善制度、严格监督等具体建议，受到省领导的重视，并报送中央纪委。省纪委撰写的《当前权钱交易新类型腐败案件的表现形式、特点、成因及预防对策》，被评为全国纪检监察机关优秀案件综合分析材料。

（四）练内功，借外力

练内功不仅体现在素质建设上，而且体现在能力建设上。无论是党风廉政建设和反腐败斗争依然严峻复杂的形势，还是纪检监察机关"转职能、转方式、转作风"的任务，都要求纪检监察机关工作人员练好调查研究基本功，不断提升调查研究工作水平。要把调查研究作为一门基本功课，通过学习培训、教育管理、实践锻炼，着力提高"五种能力"：一是政治辨别能力。纪检监察工作政治性、政策性强，人云亦云可不行，讲政治是我们调研工作的一项基本原则。二是业务分析能力。不懂业务，就没办法深入分析问题，开展高质量的调研活动。三是出谋划策能力。决策前，进行论证性调研；决策执行中，重在发现问题，进行对策性调研。四是组织协调能力。题目找得准、时机抓得早，但若组织协调不行，不能有效实施调查，同样有劳无功。五是实地调查能力。调研对象基于各种心态，会采取不同的配合方式和应付态度。这就需要我们能够判别信息的真伪，整理庞杂的碎片化信息，克服外行的局限作出深入思考，包括批判性的、反思性的，甚至是颠覆性的思考，防止被"忽悠"。

借外力，不仅要运用好本系统的力量，而且要利用好系统外的力量。一方面，在纪检监察系统统筹安排、统一协作，以研究部门为枢纽、以业务部门为资源、以监察学会为平台，实现省市县三级联动，营造"大调研"的工作格局；另一方面，借助"外脑"、善用外力，建立联合调研工作机制。省纪委主动加强与省委党校、省社科院、中科大廉政研究中心等单位及专家学者的联系合作，在加强党政正职领导干部监督等课题研究方面取得一批研究成果。合肥、马鞍山、六安、铜陵等地在借助外力开展调研方面，也都采取了一些行之有效的措施。

二、实践的感悟

（一）"三转"要求调研回归正位

一段时间以来，一些地方的调研工作发生了错位的现象。比如"虚化"，下去随便跑一圈就算是调研，没有做到实打实；"泛化"，内容不集中、专题不突出，浮在表面，没有深入进去；"模式化"，调研进入模式状态，千篇一律，结构雷同，没有新意；"先验化"，结论在前，调查在后，下去只是找例证。

中央作出的八项规定，第一条就是"改进调查研究"，可见改进调查研究在改进作风中的重要性。纪检监察机关及其工作人员要带头改进作风、坚守责任担当，既要身入，又要心入，无私无畏、客观公正地进行调查研究。实行"三转"，调研必须回归正位。

一要沉得下，力戒"秀调研"。有人说，现在是"键对键"的时代，还需要"面对面"进行调研吗？"键对键"，的确很重要，了解网上信息，与网民直接沟通，本身也是开展调研、接触群众的新渠道。但是，不是所有的调研都是"键对建"所能完成的，更多的调研必须沉下去，更加注重"面对面"。

二要跳得出，力戒"被调研"。过去，有的地方参加调研座谈的群众发言材料事先经过审查，甚至事先写好让群众照着念，调研变成了"演戏"。纪检监察机关开展调研要有胆有识，敢于追求真理、善于追问真相，跳得出"层层包围"，独立自主地分析判断，力戒"被调研"。

三要"钻得进"，力戒"假调研"。如果调查转了一大圈，情况罗列了一大堆，有调无研，重调轻研，就成了半拉子工程。中共中央政治局常委、中央纪委书记王岐山提出的"五要"——情况要明、数据要准、责任要清、作风要正、工作要实，应是我们调查研究的准则。调查研究不回归正位，我们是做不到"五要"的。

（二）"三转"要求调研创新思维

"三转"本身就是解放思想、与时俱进的举措，它突破了传统思维模式，是纪检监察工作理念思路、方式方法的重大变革。

从调研工作来说，创新是调研工作的灵魂，要不断发现新问题、研究新情况、总结新经验、提出新思路。调查研究作为智力劳动，必须依靠创新思维来实现新的突破和跨越。要不断解放思想、顺应历史潮流、跟上时代步伐，努力学习和掌握现代思维方式，突破思维定势，不断锤炼自己的创新思维能力。强调思路求新，并不是说可以违背客观规律，而是要求运用更好的思维方式去解决问题。

（三）"三转"要求调研贴紧跟进

既要把调查研究作为推进"三转"的基础工程，又要把推进

"三转"作为调查研究的重点任务。一是谋事要早。要在被动中求主动，做到领导交办与主动谋划相结合，并在谋划中力求一个"早"字，做到适时有效，为领导决策当好参谋。二是选题要准。把握需求性原则、实用性原则、创造性原则、可行性原则，选好调研课题。三是研究要深。调查是一项辛苦的工作，而研究是一个更加艰苦的思考过程。要以探索之深度求挖掘之深度，以实求深、以深求是、以是求效。

（四）"三转"要求调研常态长效

改进调查研究，要实现"常""长"二字，需要做的工作很多，关键是以良好的机制作可靠保证。

建立和完善调研工作机制，要注重三个方面：一是机制的整体性。要在纪检监察系统构筑上下联动、内外互动的大调研格局。二是机制的立体式。纪检监察机关要把信息、督查、办文和文字综合等工作与调研紧密结合、有效整合起来，避免"单打一""独角戏"的弊端。三是机制的开放度。要适应新形势，从封闭中走出来，积极发动群众、发动网民参与纪检监察工作，积极推进学会、协会、研究中心建设，主动与高等学校、研究机构合作，注重运用社会力量开展调研工作。

（刊载于中共安徽省委政研室《安徽调研》2014年第9期。其中第二部分刊载于中共中央纪委研究室《反腐倡廉建设通讯》2014年第9期"理论探讨"专栏。）

政府与政务督查

督查就是督促检查，就是抓落实。1995 年 12 月《国务院办公厅督促检查工作规则》的颁布施行，标志着我国政务督查工作步入规范化轨道。我们要正确认识政府与政务督查的关系，充分认识政务督查工作的地位和作用，不断增强做好政府工作的责任感，提高政务督查的水平。

一、政务督查是政府实施领导的重要环节

政务督查是一种重要的领导行为，它在实施领导的环节中起着关键性作用。为政之要，在于民主科学的决策机制和高效运作的落实机制，二者构成了领导工作最本质的内容。没有好的决策谈不上领导，有了好的决策而不去落实，难以实现领导。

江泽民同志明确指出："决策的制定和实施方案的布置，事情还只是进行了一半，还有更重要的一半就是确保决策和部署的贯彻落实。""开展督促检查是一个重要的领导环节和领导方法。"这里，不仅精辟阐述了做决策和抓落实的辩证关系，而且深刻揭示了领导科学的本质内容。我们不少工作之所以多年没有成效，不是没有决策

部署，而是没有督查落实。一些人说空话，不办实事；说假话，不办真事；说套话，不办正事。此风若盛，误国误民。因此，正确的、成熟的、有效的领导，不仅要有正确的决策，还必须把落实放在心上，把督查抓到手上，坚持部署到哪里就督查落实到哪里，通过经常有效的督促检查，真正使各级党委、政府的重大决策和工作部署成为广大干部群众的实际行动，产生巨大的经济和社会效益。

二、政务督查是政府领导机关的重要职责

政府领导既要对科学决策负责，又要对落实决策负责。地方政府要把上级宏观决策与地方具体决策贯彻落实的督促检查有机地结合起来，并把贯彻落实中央决策摆在首位，确保政令畅通。

随着我国社会主义市场经济体制的逐步建立和加入 WTO 与国际经济及管理接轨，各级政府都必须将职能由原来包揽一切转到经济调节、社会管理、公共服务上来，由原来管理具体事务转到依法行政、正确地制定决策和有效地实施决策上来。同时，随着改革开放的逐步深入，我国社会主义建设和广大人民群众的工作、生活条件以及整个社会环境发生了重大变化，特别是当前体制转轨、经济转型的关键阶段，各种矛盾交织，许多新情况新问题是过去没有遇到过的，对政府工作提出了严峻挑战。比如下岗职工再就业和建立社会保障制度问题、农村税费改革和基层政权建设问题、农村经济结构调整与农民增收问题等等。解决改革和发展过程中的各种矛盾，不仅要有攻坚克难的良策，还要有保障落实的措施。这就决定了督查在政府工作中的地位和作用，比以往任何时候都更加重要。

各级政府应充分发挥政务督查在推进改革、促进发展、确保稳定等方面的重要作用，求真务实，埋头苦干，尤其要集中力量解决好关系经济建设和改革全局的重大问题。

三、政务督查是政府为民执政、加快发展的重要措施

江泽民同志在"5·31"讲话中强调指出，"三个代表"重要思想，是我们党成立以来全部历史经验和党带领人民建设有中国特色社会主义事业的基本经验的科学总结，是立党之本、执政之基、力量之源。全党同志要牢牢把握这个根本要求，不断增强贯彻"三个代表"的自觉性和坚定性。贯彻"三个代表"，关键在与时俱进，核心在保持党的先进性，本质在坚持执政为民。各级政府只有办实事、求实效，认真抓好督促检查，才能促进工作落实，让人民群众得到更多的实惠，才能树立勤政务实的良好形象，充分调动一切积极因素，不断为加快发展、富民强市（县、乡）增添新的力量，才能有效地推进先进生产力的发展、先进文化的前进和最广大人民根本利益的实现。

四、政务督查是政府机关做好优质服务的有效途径

各级政府是决策的主体，也是抓落实的主体。但政府领导的精力和时间有限，不可能对每项工作都亲自过问、亲自督查。对政府机关来说，政务督查是各部门工作的重中之重，必须抓得紧而又紧。

各级政府机关都应建立"大督查"的格局，实行政务督查工作

责任制，完善督办网络。政府各部门要大胆探索，建立督查工作机制，拓展督查工作领域，延伸督查工作触角，创新督查工作方法，在确保政令畅通、推动工作落实、做好优质服务、树立政府形象等方面充分发挥自己的职能作用。

（此文是 2002 年 9 月 20 日在六安市政务督查研讨会上讲话的节录）

链接：

《政府督查工作条例》颁布施行

党中央、国务院高度重视督查工作。习近平总书记指出，一分部署、九分落实，要强化督促检查、抓好跟踪督办，督查、督导等工作要规范进行，讲求实效。李克强总理强调，抓紧研究制定督查工作法规，建立政策落实和督查的长效机制。2020 年 12 月 26 日，国务院公布了《政府督查工作条例》，自 2021 年 2 月 1 日起施行。为贯彻实施好条例，进一步加强和规范政府督查工作，2021 年 2 月 8 日国务院办公厅发出《关于贯彻实施〈政府督查工作条例〉进一步加强和规范政府督查工作的通知》。

如何做好政务督查工作

安徽省政府研究室《决策咨询》编者按：政务督查工作是根据各级政府工作要求，对重大决策和重大工作部署的贯彻落实情况，由政府督办室拟定督查工作要点，采取不同的方式督促检查。政务督查工作是各级政府的一项重要职责，做好这项工作对于转变机关作风，克服官僚主义，实行科学领导，提高工作效率，促进政府重大决策和重要工作部署的正确实施，具有重大意义。本文作者张正耀现任六安市政府秘书长，他从具体实践中总结出的一些理论和方法，可资借鉴。

一、突出政府领导的主体作用

督促检查是领导的基本职能、关键环节和重要方法。各级政府领导是政务督查工作的主体，政府及部门负责人既是决策者，又是决策落实的责任人。政府领导对督查工作，不仅要自觉抓，而且要善于抓，形成重落实、严督查的良好风气。对重大决策和重要工作部署的贯彻落实情况，以政府名义开展督查，政府领导亲自督查，力度大，效果好。因此，各级政府应强化高层次督查，既要突出

"领导抓",又要注重"抓领导",以领导权威树督查工作权威。政府及其部门主要领导要将督查工作列入重要议事日程,给督查干部提要求、交任务、压担子,对督查工作遇到的棘手问题,要及时指路子、教办法,对督查工作所需的经费、车辆、人员等,要及时解决,优先保证。

二、选准着力点

督查作为推动决策落实的重要手段,如果面面俱到,失去重点,就难以取得最佳管理效益。我们要善于抓主要矛盾和矛盾的主要方面,在普遍督查中实施重点突破,特别是要紧扣政府工作中心,在推动重大决策和重要工作部署的落实上出重拳,见实效。

第一,抓好重要文件、重要会议精神的督查落实。这是推动决策落实的主要抓手。要按照轻重缓急和落实的难易程度认真梳理,拟定项目,制订方案,一件一件地跟踪督查。

第二,把领导重要批示和交办事项作为督查工作的重要内容。领导关注的问题大多是涉及人民群众切身利益的焦点问题。要加大领导批示和交办事项的督办力度,按照批则查、查必果、果必报的原则,做到事事有交代、件件有回音。

第三,及时督查群众反映强烈的热点、难点问题。把对上负责与对下负责统一起来,既要想领导之所想、急领导之所急,又时刻把群众的安危冷暖放在心上,积极了解民情,反映民意,及时解决群众所关心的热点、难点问题。

三、与目标管理有机结合

加强目标管理，实质是把政府的各项决策和工作部署转化为目标责任体系，用目标引导行动，用督查推动落实。其中，实施目标管理是督查工作的重要任务，而督查又是推动目标落实的有效手段。

实践证明，加强目标管理，是推动政府决策落实，促进年度目标完成的重要措施。其一，具体的督查内容与科学的目标体系相结合，增强了督查工作的针对性。省政府对市政府审定的考核指标，市政府对各县（区）政府和市政府各部门、各直属机构审定的考核指标，均是市、县（区）《政府工作报告》提出的重大决策和工作部署，既涵盖了年度经济和社会发展的主要指标，也包含了政府重大决策事项、领导批办事项、议案提案办理和政风建设等方面的督查内容。既设置了重点督查目标，也制定了量化考核标准，使督查的内容更加明确具体，做到督有主体、查有内容、考有标准、奖有依据。其二，有力的督查措施与规范的考核办法相结合，提高了督查工作的实效性。其三，实际的督查结果与严格的奖惩机制相结合，提高了督查工作的权威性。

四、建立"大督查"的格局

政务督查工作是系统工程。做好督查工作，必须上下配合，左右联动，发挥各级政府及政府各职能部门的作用，齐抓共管，形成合力，才能事半功倍。要建立以政府领导督查为主体、以督查部门为枢纽、以部门和县区乡镇督查为依托的政务督查工作机制，实行政务督查工作责任制，完善督办网络，进一步推动督查工作规范化、制度化。要根据工作需要，针对不同内容、不同对象，采取现场督查、暗访督查、新闻督查、联合督查、集中督查、跟踪督查等多种形式。无论采取何种形式，都要以推动落实、解决问题为出发点和最终归宿。

五、发挥政府办公室的整体优势

近几年来，从国务院到地方各级政府对督查工作都十分重视，并赋予各级政府办公室督促检查的重要职责。各级政府办公室的督查工作怎样、效果如何，是衡量其政务服务水平高低的重要方面，也是检验和评价其整体工作的重要标志。政府办公室开展督查工作，除有一个专门机构和专职队伍外，还可以借助多方力量，发挥整体优势，提高督查效果。各级政府办公室要把督查工作与其他工作有机地结合起来。

一是与文秘工作结合。认真执行办文办事限时制，进一步发挥文电督办的作用，运用现代化的办公手段做好政务督查工作。

二是与信息工作结合。政府系统办公室有灵敏的信息系统网络，我们可以从中了解一些基层信息，有针对性地开展督查，也可以通过信息渠道及时反馈督查情况，提高督查效果。

三是与调研工作结合。当前督查工作"三多三少"的问题比较普遍，即思考具体问题多，深层次分析矛盾少；督办具体事项多，总结归纳经验少；编发督办通报多，有价值的调研材料少。督查如何与调研结合？一方面，要注重在督查中调研，对贯彻落实中存在的一些深层次问题进行理性思考，为修订完善决策提供依据；另一方面，要注重在调研中督查，将调研成果运用于督查过程，获得发言权，收到督查实效。

四是与协调工作结合。督查工作涉及政府工作的方方面面，而且督办事项大多是重点、难点问题。这就需要加强督查协调，从大局着眼、小事着手，提前介入，因势利导。对于周期长、难度大的督查项目，要科学立项，统筹安排，连续督查，跟踪协调。阶段性督查工作结束后，还要隔一段时间杀一个"回马枪"。对没有完全落实的事项，要反复抓、抓反复，直至决策部署的最终落实。

六、将督查过程变为发现问题、总结经验、服务基层、推动工作的过程

督查是一个过程。在这一过程中，一要坚持实事求是的思想路线。我们作出的决策是否科学，是否符合改革和建设的实际，是否代表广大人民群众的根本利益，需要在实践中接受检验。因此，我们在督查中，要坚持一切从实际出发，不断提高政府决策的科学性、准确性。二要树立强烈的问题意识。从一定意义上说，督查工作的效果往往体现在敢不敢于、善不善于发现新情况、新问题。抓住带有普遍性、政策性、倾向性、苗头性、根本性的问题，就抓住了落实决策的突破口。三要发挥典型的导向作用。要重视总结先进经验，发挥其示范和带动作用，为有关方面提供解决问题的办法，有效推动决策的落实。四要寓督查于服务之中。开展督查工作，切不能盛

气凌人，以整人、捅篓子为目的，而应督中有帮、查中有情，督到点子上，查在关键处。要将督查触角向基层延伸，力求做到阵地前移，切实为基层服务。对督查中发现的不落实的问题，要科学分析，找准问题的症结，积极主动地提出有针对性的解决办法，真心实意地帮助解决实际问题。这样做，既促进工作，又能与被督查单位的领导和同志沟通思想，建立感情。

（刊载于安徽省政府研究室《决策咨询》2002 年第 12 期、2002年 12 月 3 日《皖西日报》。）

党委督查工作要以观念创新促进机制创新

观念是行动的先导，机制是工作的保障。党委督查工作要适应新形势，实现新发展，必须与时俱进，以观念的创新促进机制的创新。

一、党委要确立督查主体的观念，健全督查领导机制，树立督查权威

一个党委是一个地方、一个部门的领导核心。领导行为的内涵，包括制定决策和实施决策两个方面。各级党委和党委领导既是决策的主体，也是督促检查的主体。这就要求各级党委和党委领导不仅要重视制定正确的决策，而且要重视抓决策的贯彻落实，抓工作部署的督促检查。否则，再好的决策、再好的工作部署，也得不到有效实施甚至化为泡影，领导行为的效果也就无从谈起。正因为落实难，督查更难，所以需发挥党委的督查主体作用。

各级党委要从确保"三个代表"重要思想贯彻落实，确保党的路线、方针、政策贯彻执行，确保中央重大决策和工作部署有效实施的高度，深刻认识督查工作的重要作用，增强抓督查工作的自觉

性和主动性，以督查主体观念的强化促进督查领导机制的健全。

第一，党委及各部门主要领导要亲自抓督查，承当抓督查的第一责任人。特别是在抓重要督查活动的过程中，主要负责同志要身体力行，深入基层，协调解决落实中的问题。

第二，党委及各部门领导班子要共同抓督查。坚持集体领导和个人分工负责相结合，对重大决策和工作部署，实行明确的分工；班子每个成员要抓好自己分管的工作，勤督促、勤检查，以保证决策部署落到实处。

第三，为督查工作创造良好的环境。各级党委对督查部门既要交任务、提要求、压担子，又要明思路、讲方法、给条件。要给予督查部门必要的组织协调、专项查办、奖惩建议、干部情况反映等方面的权力。要经常听取督查部门的汇报，优先解决督查工作中所需的经费、车辆、人员等问题。要加强督查队伍建设，保持其结构合理、精干高效。

二、党委办公室要确立督查重要职责的观念，健全督查网络机制，聚集督查合力

党委办公室作为党委的综合办事机构，承担着督促检查的重大职责。党委办公室的督查工作效果如何，直接关系到办公室服务水平的高低，直接关系到党委的决策和部署能不能顺利实施。因此，党委办公室要把督查作为重点工作紧抓不放，像协助党委制定决策一样，协助党委抓好决策落实。

党委办公室抓督查，一要发挥整体优势，实行全室抓督查。坚

持把督查工作与文秘、信息、调研以及其他工作有机结合起来，协调好办公室内部的力量，形成以督查部门为骨干、各科室齐心协力抓党委决策部署落实的良好局面。二要推动督查工作网络的建立，构筑方方面面齐抓共管的大督查格局。纵向方面，建立以党委督查为主体、以党委办公室为枢纽、以部门和基层为依托的督查工作责任体系。横向方面，通过人大代表和政协委员视察、社会团体及各界人士参政、各行各业民主评议、新闻媒体监督等，健全社会性的督查网络。

三、党委督查部门要确立督查排头兵的观念，健全督查工作机制，规范督查运行

督查部门作为党委授权组织督促检查的职能部门，不仅是党委的"耳目"和"外脑"，更是督查工作的排头兵，必须认清肩负的责任，发挥好职能作用。一要体现主动性。注意增强工作预见性，善于以启动、牵动、推动争主动。二要把握全局性。开展工作要充分体现党委的工作思路和重点，做到与党委工作中心合拍。三要追求实效性。经常了解决策部署落实进度，及时反馈工作情况，并针对存在的问题提出解决办法。要寓服务于督查之中，做到督中有帮、查中有情，督在点子上，查在关键处。

党委督查部门要做到以上这些，关键靠建立健全一整套的、科学的督查工作运行机制。要在规范操作方式、遵循工作程序、严守工作纪律的基础上，健全岗位责任制、分工协作制、立项督查制、督查通报制等各项制度，完善明查与暗访、督查与调研、日常工作

与集中行动相结合等各种工作机制，促使督查工作走向制度化、规范化和科学化。

（刊载于中共中央办公厅秘书局《秘书工作》2004年第2期、中共安徽省委《安徽工作》2003年第11期。）

保密与档案篇

加强保密工作
发挥"保安全、保发展"作用

今年（2003年）9月5日，是《中华人民共和国保守国家秘密法》颁布十五周年。十五年来，我市各地认真学习贯彻《保密法》及其配套法规，做了卓有成效的工作，为保障改革开放和社会主义现代化建设的顺利进行作出了积极贡献。当前，我们要进一步探索保密宣传教育的有效形式，努力提高各级党政领导、国家公务员和广大人民群众对新形势下保密工作的认识，进一步增强法制观念，不断加大工作力度，积极推进保密宣传经常化、保密管理法制化、保密技术现代化、保密机制科学化，为"加快发展，富民强市，全面建设小康社会"作出更大贡献。

坚持以"三个代表"重要思想为指导，致力于服务经济建设和社会发展。保密工作是党和国家的一项重要工作，关系国家的安全和利益，担负着"保安全、保发展"的重任。我们要以"三个代表"重要思想为指导，把最广大人民的根本利益作为保密工作的最高目标，把保密工作放到政治、经济和社会发展的大环境中去考虑、去谋划，充分发挥保密工作对发展这个"第一要务"和人民群众根本利益这个最高目标的服务保障作用。当前，尤其要注重做好招商引资、工业改革等经济工作中的保密工作，确保国家秘密、工作秘密、商业秘密不泄露。

积极推进保密工作法制化进程，依法加强保密管理。各级各部门都要按照《保密法》及其配套法规的要求，开展保密工作，强化保密管理。要抓紧修订和完善本地、本部门、本系统的保密规章制度，扎扎实实做好基础工作。要紧跟发展变化的新形势，积极处理好"保"与"放"的关系、定密与解密的关系、预防与查处的关系，逐步把保密管理纳入法制化轨道。

增加对保密工作的投入，不断增强保密技术防范能力。在高科技条件下，没有保密技术手段是寸步难行的。《安徽省保密技术"十五"发展规划》要求配备的技术防范和检查设备，各级、各有关部门特别是保密要害部门要抓紧购置，以逐步提高我市保密工作现代化水平。当前，还要注意做好电子政务的保密防范和计算机网络的保密管理工作。

加强对保密工作的领导，努力提高保密干部队伍的整体素质。各级党政领导要认真落实领导干部保密工作责任制，带头宣传落实《保密法》，做执行保密法规的模范。要把保密工作摆到应有的位置，及时研究解决影响保密工作开展的突出问题。要大力加强保密干部队伍建设，提高他们的素质，支持他们的工作，充分发挥各级保密部门及保密工作人员的作用。

（刊载于2003年9月3日《皖西日报》）

浅谈新时期保密工作着力点

解放思想、实事求是、与时俱进，是我们各项工作永葆生机的动力和源泉。在新的历史条件下，保密工作同样需要与时俱进，不断创新，把握着力点。

保密工作具有很强的适应性、防范性、经常性。当前，我们要重点研究市场经济给保密工作带来的新变化、信息化发展给保密工作带来的新挑战，从执政、管理与服务上把握保密工作的着力点，不断提高保密工作的能力和水平。

一、把保密作为加强党的执政能力建设的重要措施，提高保障能力

保守党和国家的秘密是我们党的优良传统，是领导干部和共产党员必须遵守的政治纪律。我们党从诞生的那天起，就始终强调保密工作。党的"一大"从上海转移到浙江嘉兴南湖的红船上召开，就是为了保密而采取的一项紧急措施。党在领导革命、建设和改革的不同时期，始终坚持对保密工作的领导，把保密工作作为维护党和国家安全的重要工作来抓。

在改革开放的新形势下，我们党和国家对保密工作更加重视，先后颁布实施了《中华人民共和国保守国家秘密法》《中华人民共和国保守国家秘密法实施办法》《中共中央关于加强新形势下保密工作的决定》等一系列法律、法规和党规，充分运用法律法规的权威性和党规党纪的约束力，强化保密执法执纪监督，加大执法执纪力度，使保密工作为党的事业发展和加强党的执政能力建设提供了坚实保障。

当前，保密工作形势十分严峻，集中表现在"窃密与反窃密""信息安全"等方面。把握好新时期的保密工作，要以加强党的执政能力建设为主线，全面贯彻落实科学发展观，积极探索解决新矛盾、新问题的有效办法。各级党委都要从提高执政能力的高度，充分认识做好新形势下保密工作的重要性和必要性，增强紧迫感和责任感，使保密工作由"虚"变"实"，由"软"变"硬"，由"冷"变"热"。

党委办公厅（室）是党委的中枢和参谋部，不可避免地要掌握大量重要甚至核心的机密。因此，党委办公厅（室）工作人员不仅要有政治上的警惕性，牢牢绷紧保密这根弦，还要不断加强保密能力建设。一要提高协调服务能力。既要为保密委员会当好参谋助手，又要依靠有关部门的配合支持，把上级的保密规定和决策传达好、落实好。二要提高依法行政能力。要认真学习研究保密法律、法规，严格规范地把保密法落实到工作的方方面面，不留死角。三要提高综合防范能力。随着信息技术的普及，保密工作的技术含量越来越高，要不断健全完善人防、物防、技防相结合的综合防范体系。四要提高科学管理能力。保密工作是一项管理性很强的工作，涉及部署实施、绩效考核、激励等诸多方面，要通过总结保密工作成功做法，借鉴吸收其他行业管理的经验，不断增强保密管理的科学性。五要提高应急处置能力。一旦发生泄密事件，如何在最短、最快的时间内采取紧急措施，把泄密的危害和影响缩减到最低限度，都要制定出切实、有效、严格的处置办法。

二、把保密作为机关管理的重要工作，提高保密水平

保密工作是党政机关管理的重要组成部分，我们绝不能把它作为一般性的工作来抓，要警钟长鸣，常抓不懈。要适应新的形势，努力探索加强保密工作的新路子，明确目标，制定规划，加大投入，加快发展保密技术，提高保密水平。

第一，要采取各种措施开展保密教育，尤其要注重教育的实效。 目前，在党政机关有些同志存在"天下太平、资讯发达、无密可保""情况复杂、科技先进、有密难保"等错误认识。党政机关要采取有效措施，有针对性地开展保密教育：对新录用的人员进行上岗培训，保密教育要作为必修课；要积极、及时传达学习上级关于加强保密工作的文件精神，增强保密意识；要经常运用典型事例开展保密教育，让大家从活生生的泄密案例中得到启示，同时也要宣传表彰保密工作做得好的人和事以及先进经验；要把保密教育渗透到外事业务工作中，在敏感时期和承担重要外事任务时，强调保密工作。

第二，要突出工作重点。 "突出重点，积极防范"是保密工作的方针，也是防范泄密事件发生的有效举措。当前，涉密人员的教育，

保密要害部门及部位的管理，涉密载体和涉密计算机网络的管理，重要涉密会议和重大涉密活动的管理，都是机关保密工作的重中之重，必须紧抓不放。其中，特别要抓好计算机的使用和管理。要对机关单位的计算机使用情况，包括计算机的用途、使用者、责任领导、保密措施落实等进行登记，并进行经常性的检查。2007年，我市开展了清理取缔涉密文件资料交易专项行动、涉密载体保密管理情况检查和计算机信息系统保密检查、政府门户网站专项保密检查等项活动，有效地促进了保密管理水平的提高。

第三，要健全保密制度。随着《保密法》的贯彻实施，国家已经基本形成了完善的保密法规体系。各部门、各单位要结合实际，将这些法律、法规进一步细化，变成保密工作实践中确实"管用"的制度。我市金安区政府办公室根据《保密法》及其配套法规和省、市有关保密规定，结合自身实际，制定了《区政府办公室保密管理规定》。分别对领导岗位，秘书、综合岗位，信息、督查岗位，行政管理、值班岗位的保密职责和要求做了详细的分解与规定，让每个岗位的工作人员都有章可循，推进保密工作落到实处。

第四，要改善保密条件。随着信息技术在党政机关的普及应用，必须注重依靠技术防范手段。在这方面，没有一定的投入是不行的，该花的钱一定要舍得花，该配备的设备一定要及时配备，绝不能因省小钱而误大事。要做好相关保密设备的添置、更新和完善工作。针对市委机关接触机密多、密级高的特点，我市为市委领导同志配备了密码柜和专线保密电话，安装了计算机物理隔离卡；为市委工作人员配备了优盘，实行明密分开、专人专盘、编号管理，加强了市委机关保密工作的技术设备防线。

三、把保密作为服务发展的重要途径，提高服务效率

科学发展观强调以人为本，统筹兼顾，促进经济社会全面、协调、可持续发展。在新形势下做好保密工作，必须使保密工作与经济社会发展相协调，积极为经济社会发展服务，为党和国家的大局服务，切实发挥保密工作"保安全、保发展"的服务保障作用。

为发展服务，要求保密工作变被动为主动。邓小平同志曾经指出，保密工作"要天天检查找岔子"，这是对做好保密工作十分精辟的要求。保密工作就是不能只是事后"找岔子"，而是应当事前"找岔子"。因为事后处理，即使处理很严厉，造成的损失也无法挽回。保密工作绝不能满足于"亡羊补牢"，要及时查找隐患、堵塞漏洞，防微杜渐。要正确处理"防"与"保"的关系，做到以"防"促"保"，打好主动仗。比如，在外事活动中，就要一律先审批、后开展，既要主动服务，又要指导到位。此外，日常工作中的重要方案也要注意阶段性保密，否则就有可能造成工作的被动。

为发展服务，要求保密工作寓管理于服务之中，正确处理"保"与"放"的关系。该"保"的要保住，该"放"的要放开。比如，在对外合作过程中，既要提供必要的资料，又要保守国家秘密，这个"度"如何把握？虽然国家有了一系列规定，但实际情况往往难以预料。这就需要我们所有的涉密人员不断提高自己的应变能力，强化"独立作战"情况下的保密意识，在实践中不断探索。再比如，市场经济客观上要求人才合理有序地流动。有些外资和民办企业通

过挖人才等手段获取国有企业和科研单位的秘密情报，如何采取有效措施堵住这方面泄密的漏洞，都需要我们在解决的过程中处理好"保"与"放"的关系。

（刊载于中共中央办公厅秘书局《秘书工作》2008年第4期"特别策划"专栏）

落实科学发展观　统筹发展档案事业

　　档案工作是党委、政府的一项基础性工作，也是一项十分重要的工作。

　　从历史角度讲，档案工作是为后人留存历史的神圣事业。一个民族不能丢掉自己的文化，一个国家、一个地区不能没有自己的档案。档案真实地记录了人类社会实践活动的历史轨迹，客观反映了社会发展进程中的辉煌成就和经验教训，承载着人类大量的文明成果，是人类社会可持续发展的重要依据。

　　从现实角度看，档案工作是为当代人提供档案信息资源服务的崇高事业，特别是档案中蕴藏着丰富的经济、政治、文化等宝藏，是服务于全面建设小康社会、服务于经济社会发展、服务于人民群众的重要依托。如果我们放松或没有做好这项工作，就是失职，甚至是对党和人民事业的犯罪。

　　那么，如何做好新时期的档案工作呢？

　　我认为，必须更新观念，创新思路，改进方法，统筹发展档案事业，使档案工作跟上经济社会快速发展的步伐，以适应全面建设小康社会的需要。

一、坚持依法治档，加强档案事业各项建设

党的十六届三中全会要求统筹经济社会发展。统筹经济社会发展，当然包括属于社会公共文化事业的档案事业。我们要把档案工作放在经济社会事业发展的大格局中来对待，作为国民经济社会发展的重要内容，统一部署、统一安排、统一协调、统筹发展。

中国有一句古话，叫"盛世修志"，我套用此话，为"盛世兴档"。各级党委、政府乃至全社会，都要从实践"三个代表"重要思想、树立和落实科学发展观、全面建设小康社会的高度，充分认识做好档案工作的重要性，坚决克服档案工作可有可无、无事可做的错误思想，把做好档案工作作为重要职责和共同任务，努力促进档案事业的统筹发展。

首先，必须把档案事业建设列入国民经济和社会事业发展的总体规划，统筹部署。这是统筹发展档案事业的基础。要加快档案馆（室）的基础设施和信息化建设，更新、添置档案管护设备，完善"八防"设施，配备微机等现代化办公设备，筹建档案网站。有条件的地方要兴建现代新型档案馆。要大力加强档案馆（室）业务建设，重点围绕改善馆藏结构、丰富馆藏内容、提高科技含量、提升管理水平、扩大开放程度、增强服务功能做文章，积极推进档案馆建设由传统阶段向现代新型阶段的跨越。要加强档案法制建设，加大档案法律法规宣传力度，使档案工作在各级领导干部和社会各界人士脑海里有意识、心目中有位置。要建立健全档案管理规章制度，严格按章办事，规范操作。

其次，必须正确处理好"统"与"分"的关系，加强联系与协

作。档案部门要按照统一领导、分级管理的原则，认真履行对本行政区域内档案工作统筹规划、组织协调和监督指导的职责。六安市拟从今年（2004年）开始，对市直机关档案工作实行目标管理，加强检查和指导，通过"抓两头带中间"，使好的更好、中间的争先、差的改貌，以推动全市档案工作整体水平上台阶。与此同时，要进一步加强与党政部门和企事业单位的联系，争取其支持和配合，推动各系统、各行业、各单位档案工作健康发展，形成上下协调、条块结合、软硬齐抓、管用并举的档案事业发展新格局。

最后，必须加强档案局（馆）领导班子建设和档案干部队伍建设。对档案工作人员，要在政治上培养他们、工作上支持他们、生活上关心他们，多为他们办实事、解难题，充分调动和发挥好他们的积极性、主动性和创造性。

二、搞好接收和征集，拓宽档案管理范围

随着社会主义市场经济体制逐步完善，经济全球化步伐不断加快，特别是信息技术的广泛应用，档案资源的存在形式、归属、流向、保管、提供利用等都发生了深刻变化。我们必须适应时代进步的要求，在加强档案收集、管理的基础上，认真贯彻执行《安徽省档案征集办法》，不断拓展档案接收和征集范围，避免国家档案资源的流失。

拓展档案资源的接收和征集范围，就是要向实物、声像、电子档案拓展，做到纸质档案与实物、声像、电子等档案并重。这也正是档案工作的薄弱环节，必须重点加强。比如，党和国家领导人到

地方视察时的讲话录音、录像、照片，各地抗"非典"、抗洪抢险救灾时的录像、照片等，都是珍贵的声像档案，应注重收集。要加强对正在形成中各种形式的重要档案的源头管理，超前谋划，提前介入，从源头上对这些档案依法实施有效监控，保证这些档案收集齐全、管理规范、保管安全。要注意征集特色档案、专业档案和名人档案资料，必要时可开辟专馆，凸显特色，提高品位。文化出版、新闻宣传乃至各部门、各单位，都有提供各种载体形式档案资源的义务和责任，要积极、主动地配合、支持档案部门做好各类档案征集工作。

三、开发利用档案信息资源，服务全面建设小康社会

发挥档案作用，为社会主义"三个文明"（物质文明、精神文明、政治文明）建设和广大人民群众提供优质服务，是档案工作的根本目的，也是档案工作持续发展的动力所在。

一要紧紧围绕"发展"这个党执政兴国的第一要务，做好档案信息资源开发利用工作，为经济社会发展服务。党的十六大提出了全面建设小康社会的宏伟目标，档案工作只有全方位地融入全面建设小康社会的主旋律中，把促进发展作为最主要的任务，才能找准自己的位置，为经济社会发展作出积极贡献。当前，尤其要做好对经济社会重点工作领域中的档案开发利用工作，为全面建设小康社会提供强有力的档案资源支持。

二要按照"立党为公、执政为民"的要求，做好档案开发利用工作，为人民群众生产生活服务。当前，要加强劳动和社会保障、

打造"信用社会"、农民外出务工、农村土地承包和流转、农村税费改革等建档工作，为保障人民群众的合法权益，增加城乡居民收入，提供档案保障。

三要创新服务机制，改善服务手段。档案部门要努力探索新形势下档案信息资源开发利用的新渠道、新方式和新手段。比如，利用档案资料举办多种形式的展览，发挥档案馆的文化和社会教育功能，使档案馆成为当地重要的爱国主义教育基地和精神文明建设基地。

（刊载于安徽省档案局《安徽档案》2004 年第 4 期）

统筹发展档案事业　大力提高档案服务水平

　　档案是党和国家的宝贵财富，档案工作作为社会事业的重要方面，是保证政权建设、法制建设和经济建设等可持续发展的一个重要因素，是建设社会主义先进文化的重要内容，是一切工作的基础。当前，我们要做好档案工作，必须一手抓统筹，以统筹促发展；一手抓服务，以服务促发展。

一、以科学发展观统领档案工作，促进档案事业与经济社会统筹发展

　　一是坚持统筹兼顾，推进档案事业全面发展。档案工作是一项复杂的社会工程，涉及社会各个方面和领域，必须坚持统筹兼顾的原则。各级党委、政府要把档案工作列入重要议事日程，把档案事业纳入当地国民经济与社会发展的总体规划，认真落实党政领导分管责任，切实解决档案工作中遇到的实际困难和问题，努力形成政府统筹、部门主抓、社会共建的工作格局。档案部门既要充分发挥行政指导作用，又要始终坚持依法管理档案事业：既要抓好档案事业的各项建设，又要抓好机关、团体、企事业单位以及城乡社区

（村）档案工作；既要重视传统载体和领域的档案资源建设，又要重视新型载体、新兴领域档案资源建设；既要重视档案硬件建设，又要重视采用新技术、新手段加快档案管理现代化步伐，促进档案事业全面发展。

二是加快档案信息化建设步伐，推进档案事业快速发展。档案信息化是档案事业的发展方向，是档案工作迈向现代化的必由之路。必须抓住国家实施"金档工程"的大好时机，采取得力措施，积极争取将档案信息化建设列入当地信息化建设规划，把电子文件归档管理、档案数据库建设、可公开档案信息网络查询利用等工作与电子政务建设结合起来，加快以传统载体保存的档案信息资源的数字化进程。通过加快信息化建设步伐，力争把各级档案馆建成"两个基地、两个中心"，即党和国家重要档案保管基地，利用档案开展爱国主义教育基地，现行文件集中向社会开放利用中心和档案资料信息服务中心，推进档案事业快速发展。

三是加大档案基础设施建设力度，推进档案事业与其他事业协调发展。由于种种原因，不少地方档案馆大多存在馆库危旧、库容饱和等问题，当地党委、政府对此应予以高度重视。有条件的地方，要按照国家和省出台的新标准，把档案馆建成当地有特色、功能齐全的标志性文化建筑。各机关单位要以城镇化建设和行政中心搬迁为契机，统筹安排综合档案室，根据档案工作发展的需要，安排足够的档案库房和档案工作用房，做到功能齐全、安全可靠。各地各单位都要想方设法筹措经费，为档案馆（室）添置防护设施和现代化办公设备，进一步改善基础设施和保管条件，推进档案事业与其他事业协调发展。

四是加强档案干部队伍建设，推进档案事业可持续发展。档案事业的发展，关键在人。必须充分认识加强档案干部队伍建设的重要性，下大力气把档案干部队伍建设好。档案干部队伍建设要与其他系统的干部队伍建设统一规划、统筹考虑，加大对档案干部的教育、培养、选拔、任用力度，加快档案干部交流，保持档案干部队伍结构合理。机关和企事业单位要按照档案工作发展需要，配备必要的专兼职档案人员。档案部门要结合党建和思想教育活动，加强对档案干部的教育和管理。要牢固树立"人才是第一资源"的观念，积极引进、培养专业人才，并加强业务培训，改善全市档案系统人才结构，提高整体素质，保证档案事业可持续发展。

二、围绕中心，服务大局，进一步提高档案服务工作水平

围绕中心，服务大局，服务群众，是档案工作永恒的主题和根本任务，是党和政府对档案工作的根本要求，也是档案工作长远发展的动力所在。牢牢坚持这个根本要求，档案工作才能保持旺盛的生机和活力。

第一，加强档案信息资源建设，夯实服务基础。

丰富档案信息资源，是使档案工作更好地服务社会的保障。档案信息资源建设，必须从源头抓起。各级党政机关、企事业单位要严格执行文件材料归档制度，依法做好档案移交工作。档案部门要创新档案征集方式和手段，拓展征集和接收范围，在传统征集和接收以纸质档案为主的基础上，进一步征集实物、声像、电子档案；

征集本行政区域内重大政治、经济、科技、文化、卫生、外事、宗教活动档案，基本建设工程、技术改造工程及重点工程档案，本行政区域内特色资源档案以及党和国家领导人在本地活动的档案等，努力形成门类齐全、内容丰富、结构合理、载体多样的档案信息资源。档案部门在自己积极征集的同时，要广泛发动文物部门、博物馆、民间、有关协会和个人协助征集。当地党委、政府组织开展重大活动，尽可能安排档案部门参加，以便及时、完整、系统地收集档案资料。对到期依法应接收的档案，档案部门要依法主动催收。档案部门要制定切实可行的档案征集办法，对进馆或捐赠的档案要出具移交清单和回帖，规范征集行为。依法实施特殊档案抢救工程，对当地重大的历史档案、特色档案和容易毁失的档案，要组织专门抢救。

第二，紧紧围绕经济社会发展需要，拓展服务领域。

为经济社会服务是档案工作的最终价值取向。各级档案部门要明确职责，找准位置，自觉做好服务大局、服务群众的工作，进一步拓展档案服务的新领域。

做好"以档资政"工作。挖掘、整理、开发档案信息资源，及时提供具有参考价值的档案资料，为党委政府领导发展、构建和谐社会提供档案支持和服务。

做好"以档育人"工作。充分利用档案馆这一爱国主义教育基地，以革命光辉历程和改革开放巨大成就为内容，通过陈列、展览、出版等形式，寓史料性、教育性、时效性于一体，大力弘扬以爱国主义为核心的民族精神和以改革开放为核心的时代精神。

做好"以档利民"工作。当前，重点要加强劳动就业、城市社区和新经济组织、新社会组织的档案工作，努力推进档案工作面向基层、面向群众，为广大人民群众提供优质、高效、便捷的服务。

第三，发挥档案部门职能作用，提高服务水平。

档案行政主管部门负责本行政区域内档案管理、监督与指导的职能作用要到位，既不能越位，更不能缺位。要改变有的档案部门整天忙于帮机关单位整理档案，而疏于指导、监督机关档案工作的现象；要解决少数档案工作人员"怕事"、"等事"、无所事事，而不主动找事的问题。档案部门要强化"服务立档"意识，在为经济建设和社会发展，为党政机关、企事业单位、人民团体做好服务的同时，为社会公众提供优质服务。要丰富服务的内容和形式，不仅提供纸质、电子档案服务，还要提供实物、音像等档案利用，以档案载体的多样化满足社会需求的差异性。要创新服务手段，既要提供传统的服务手段，又要提供现代化的服务手段；既要提供现场查阅服务，又要提供计算机远程查档服务，全面提高档案服务水平，为社会主义"三个文明"建设多作贡献。

（刊载于安徽省档案局《安徽档案》2005 年第 4 期）

档案工作五感

——写在《档案法》实施 20 周年之际

《中华人民共和国档案法》自 1988 年 1 月 1 日开始实施，已经 20 年了。20 年来，我市各级党委、政府和社会各方面对档案工作的重视程度日益提高，依法管理档案事业的局面初步形成。特别是撤地设市以来，我市档案工作取得了可喜的进展，档案事业发展实现了历史性突破。

新形势、新任务对档案工作提出了新的要求。做好新时期的档案工作，需要各级党政领导、各部门各单位，特别是档案部门和广大档案工作者在实践中学习、在实践中创新。结合近几年档案工作的调研和实践，这里谈五点认识和感受。

一、统筹兼顾，实现档案事业与经济社会协调发展

党的十七大强调：科学发展观，第一要义是发展，核心是以人为本，基本要求是全面协调可持续，根本方法是统筹兼顾。胡锦涛同志在十七大报告中提出，要按照中国特色社会主义事业总体布局，全面推进经济建设、政治建设、文化建设、社会建设，促进现

代化建设各个环节、各个方面相协调，促进生产关系与生产力、上层建筑与经济基础相协调。档案作为社会事业的重要组成部分，统筹兼顾，实现档案事业的全面、可持续发展，实现档案事业与经济社会的协调发展，既是科学发展观的内在要求，又是落实科学发展观的具体行动。

统筹兼顾，就是要整体推进，促进档案事业全面发展。档案工作涉及社会的各个方面、各个领域、各个时期，是一项庞大的社会工程和复杂的系统工程，需要全面推进。各级党委、政府要本着"对历史负责，为现实服务，替未来着想"的原则，在制定经济社会发展规划时，统筹安排档案事业；在公共资源安排时，充分考虑档案事业；在部署、检查工作时，重视档案工作。"十一五"规划的制定，已统筹安排档案事业，当前要一个项目一个项目抓落实，完成规划任务。各级档案主管部门既要抓好档案事业体系内的工作，又要树立大档案观念；既要重视传统载体、传统领域档案资源建设，又要注重新兴领域、新兴载体档案资源建设；既要重视基础设施等硬件建设，又要重视制度、队伍等软件建设，促进档案事业全面发展。

统筹兼顾，当前一项重要任务是加快档案信息化步伐。要以满足公众需求、方便公众需求为原则，紧紧抓住电子政务建设和国家实施"金档工程"的大好时机，将档案信息化纳入电子政务建设之中，加快电子文件归档管理、档案数据库、馆藏档案机读目录数据库、可公开档案信息网络查询、多媒体档案数据库和重要档案全文数据库等建设步伐。随着电子政务的深入推进，电子文件必将大量产生，对此，要抓紧研究电子政务环境下档案工作的关键业务和技术，推进档案管理现代化进程。要通过信息化建设，推进国家档案馆的"两个基地、两个中心"建设，即党和国家重要档案保管基地、社会教育基地，现行文件集中向社会开放利用中心和档案资料信息服务中心。

二、与时俱进，实现档案工作的根本转变

其一，要实现档案发展理念从封闭向开放的根本转变。应当看到，当前仍有一些档案工作者对于如何全面征集档案、充分发挥档案作用，既缺乏认识，又缺乏思考，更缺乏探索。在新的历史时期，如果不转变那种封闭、半封闭的思想观念和工作状态，不仅影响档案事业的发展，也影响经济社会的发展。我们应树立"大档案"观念，坚持开门办档，拓展档案资料的征集和服务领域，科学整合档案信息资源，进一步找准档案工作服务经济社会发展的切入点、结合点。要适应不断变化的新情况，以创新求发展，实现档案服务的开放化、公共化。要确立改革、开放、整合、融入的发展新理念，以档案观念的转变与更新，推进档案事业与经济社会共同发展。

其二，要实现馆藏结构从单一向多元的根本转变。目前，馆藏结构单一是不少档案馆的共性问题，现存档案主要是以政务文书为主的纸质档案。实物档案、声像档案、新介质档案或者没有，或者数量极少。因此，加强馆藏建设，丰富馆藏内容，不仅是重要的，更是紧要的。要在做好传统领域、传统载体、传统渠道档案征集工作的同时，下大力气，采取包括市场化运作和有偿征集在内的多种形式，把散存于社会的有价值、有特色的档案资料征集进馆，扩大

档案进馆门类，从根本上改变传统档案馆藏建设存在的档案形成主体、门类和载体、内容相对单一，珍贵有价值档案资料匮乏等现象，实现馆藏建设的多元化转变。

其三，要实现理论研究从滞后向超前的根本转变。档案编研是科学管理档案、创新服务手段、发挥档案作用的重要途径。档案编研工作是一种高层次的理论研究活动，需要大量的人力、物力和财力。当前，重收轻编、重查轻研、重管轻用的问题在一些地方仍然存在，实现档案理论研究从滞后向超前的转变是档案工作重要而紧迫的任务。要注重档案信息资源的理论研究，充分发挥档案理论研究对实际工作的引领和指导作用。要主动从各种档案资源中寻找规律，发现对经济社会发展具有重要参考价值的东西，并以适当形式为党委、政府服务，为社会各界服务。

以上说的三个转变，观念的转变是前提、是基础，馆藏的转变是重点、是关键，编研的转变是难点、是急需。当然，新时期档案工作需要转变的地方还有很多。例如，服务手段要从传统方式向网络化、信息化转变，队伍建设要从单一型向复合型转变，等等。各级档案主管部门要坚持与时俱进，在工作中不断探索，适时适需地推进档案工作的根本转变。

三、软硬并重，实现档案事业又好又快发展

硬件建设，是档案事业发展的基本保障；软件建设，是发挥档案作用的重要抓手。硬件和软件，就好比是档案事业发展的"两条腿"，少了哪条"腿"，档案事业都难以健康发展。当前，我们推进

档案事业又好又快发展，就是要坚持硬件和软件建设"两手抓"。

一方面，不断加大投入，进一步提升硬件水平。各级党委、政府要把档案基础设施建设摆在应有的位置。馆藏面积和馆内设施达不到要求的，要积极立项，尽早实施，加快建设。档案馆（室）必需的计算机、复印机、空调、除湿机等设备要及时配置，具有防磁、防尘、防火、防碰撞功能的储藏柜和能保管录音带、录像带、磁盘、光盘等专用工具也必须配备。

另一方面，以健全制度、打造队伍为抓手，进一步提升软件水平。要注重制度建设，对现行档案规章制度进行梳理，符合需求的认真执行，不适应形势的，该修改的修改，该废止的废止。特别要立足新形势的需求，抓紧研究制定新的规范性文件，不断提升档案工作水平。要注重队伍建设，坚持以人为本，努力打造一支作风优良、业务过硬的档案工作队伍。要注重档案部门领导班子建设，加大档案干部的教育、培养、选拔和交流力度，积极引进、培养专业人才，改善档案系统人才结构，提高档案队伍的整体素质和服务能力。要加强档案工作目标管理，进一步实施奖惩激励措施。

四、坚持改革，实现档案资源集中统一管理

以改革推进档案资源集中统一管理。计划经济时代形成的"资源分割、建设分散、管理混乱、利用困难"的档案管理状况，不仅不利于档案的安全管理，也不利于档案的开发利用。因此，要改革档案资源征集、管理中不适应需要的环节和方面，通过对国家档案资源归属和流向的调整、档案机构的归并等多种措施，优化国家档

案资源配置。要按照档案法的要求,科学整合行政区域内各单位、各门类、各载体档案资源,理顺档案行政管理部门与主管部门在专业档案管理中的关系,建立以档案行政管理部门为主体、各主管部门配合的国家档案资源建设监管格局。要通过档案管理模式改革,把能够统一到综合档案馆的全部统进来,一时无法统进来的也要明确归属,实现档案资源的国家所有。

以改革推进专业档案流转机制的建立。专业档案的管理、使用具有特殊性,能够接收进入综合档案馆的专业档案如婚姻登记档案等,应全部进入国家综合档案馆;对于房产档案、城市建设档案等具有特殊需求的专业档案,须留在主管部门的,要明确权属和流转程序,规范管理;对于电视、广播等声像档案,暂时无法进入综合档案馆的,要加强业务指导,确保专业档案管理的安全和利用的高效。总之,要通过改革,建立权属明晰、流转规范的专业档案管理新机制。

以改革推进档案"一站式"服务。当前,各地档案馆结合现行文件利用服务中心建设,简化办事程序,推行"一站式"服务,深受欢迎。服务是档案的生命,是档案工作的归宿。进一步提升档案服务水平,是档案管理模式改革的主要目标。当前,要以"一站式"服务为重点,拓展服务领域,创新服务机制,实现有偿服务和无偿服务有机结合,实现传统档案服务和现代档案服务有机结合,使档案服务更加贴近社会、贴近百姓。各地都要以档案信息化建设为契机,尽可能提供网上档案服务查询,并积极创造条件,逐步实现可公开文件和档案的全文网上查询服务。

五、推进创新，实现档案工作在和谐社会建设中的服务功能

第一，在服务中心工作上下功夫。档案是全面反映政治、经济、文化、社会各方面的历史记录，是党委、政府科学决策的可靠依据。科学管理并有效使用档案，以史为鉴，吸取教训，减少失误，就能更好地促进经济社会发展。档案部门要主动服务党委、政府中心工作和经济社会发展大局，及时地、有针对性地为党委、政府提供更丰富、更准确、更全面、更有价值的决策依据。当前，要围绕新农村建设，推进农业和农村档案工作；围绕中心城市建设，加强城市重点工程档案建设；围绕"工业强市"战略，做好国有企业改革、开发区、工业园区建设、招商引资档案工作；围绕全民创业，抓好民营企业档案工作。

第二，在服务各项事业上下功夫。各级档案馆保存的党政机关政务文书，凝聚了历任领导和机关干部的政治经验和智慧，是推进各项工作的宝贵财富。多年来，各级档案部门在规范性文件清理、政策落实、公务员登记、信访案件处理等方面，发挥了档案资料的重要作用。

今后，要进一步做好档案的接收、征集和理论研究工作，努力为各部门工作、各项事业发展提供优质的档案服务。我市是革命老区，具有大量珍贵的革命档案，我们要进一步挖掘这些档案，为红色旅游发展服务。要适应政务公开的需要，按规定开放涉及群众利益的现行文件和档案，不断向公众提供有效的档案信息服务。另外，可利用特有的档案资源，收集、出版有价值、高品位的档案文化产

品；可以利用珍贵的图片档案，举办有影响、高质量的档案展览，开展爱国主义教育等社会教育活动，更好地发挥历史图片档案"以史育人"的作用。

第三，在服务人民群众上下功夫。档案是人类重要的历史文化遗产，是精神文明建设的生动教材，也是民生工程建设的重要基础。档案工作要密切关注社会大众关心的问题，密切关注百姓的切身利益，为保障和改善民生服务。近几年来，我市档案工作在察民情、维民权、解民忧、帮民富等方面取得了显著成效。当前，要进一步努力，围绕民生抓档案，抓好档案保民生，为构建和谐六安做好全方位的档案服务。

（刊载于 2008 年 1 月 3 日《皖西日报》）

办公室综合工作与队伍建设篇

新时期办公室工作要重视"内聚外放"

安徽省政府办公厅《安徽政报》按：为开创全省政府系统办公厅（室）工作新局面，遵照省政府领导指示，开辟"工作交流"栏目，首期印发六安行署副秘书长、办公室主任张正耀同志《新时期办公室工作要重视"内聚外放"》一文，供各地、各部门参阅。同时，希望各地、各部门不断研究工作方法，并总结经验提供交流，以共同推动政府系统办公厅（室）工作上水平。

改革的深入和社会主义市场经济体制的建立，改变着人们的思维方式，也冲击着传统的工作方式。如何适应新的形势，提高办公室工作水平，这是摆在我们面前的重要课题。近几年，六安行署办公室对此作了有益的探索。我们认为，新时期的办公室工作要重视"内聚外放"——对内营建凝聚力工程，对外探索开放式机制。

一、"内聚外放"是新时期办公室工作的客观需要

第一，"内聚外放"是办公室适应经济体制转变的需要。在过去那种计划经济体制下，办公室基本是一个封闭的系统，不仅与外界

缺少联系，就是办公室之间也很少往来。但是，随着社会主义市场经济体制的逐步确立，以往那种坐在办公室里打打电话、发发文件等工作方法显然不能适应新形势的要求。市场经济是开放型经济，对外开放是我们发展经济和社会事业的一项基本国策，因此，新时期的办公室工作也有一个对外开放的问题。社会主义市场经济体制下的办公室工作机制和方式必须充满生机和活力，必须优质、高效、有序。各级办公室只有走出长期形成的封闭式工作格局，探索外向型的活动方式，与时代同频共振，才能适应和推进经济体制的转变。

第二，"内聚外放"是办公室加强精神文明建设的需要。一个单位，一个群体，不论要成就什么事业，都要有一种精神，都要有一股凝聚力。当前，我们正处在剧烈变革的时代，面临着各种严峻的考验。一方面，西方敌对势力企图"西化""分化"我们；另一方面，市场经济的负面效应也冲击着我们的干部队伍。在这种形势下，政府系统办公室必须采取切实有效的措施，把加强精神文明建设、增强凝聚力作为一个系统工程来抓。只有增强凝聚力，才能有效地抵御资本主义腐朽思想的侵蚀，防止拜金主义、享乐主义和极端个人主义滋长蔓延，才能保持和发扬文秘工作人员的光荣传统，勤政廉政，忘我奉献，淡泊名利，求实奋进，树立政府系统办公室的整体形象。越是改革开放，越是建立社会主义市场经济，越要加强社会主义精神文明建设，不断增强我们的凝聚力和战斗力。

第三，"内聚外放"是发挥办公室职能作用的需要。政府职能的转变和机构改革的展开，给政府办公室带来更加繁重的任务。作为政府综合办事机构的办公室，主要职能是参谋、综合、协调、督查、服务。而"内聚外放"，正是为了发挥办公室的本质功能。聚，是凝心聚力，提高素质；放，是开拓渠道，提高成效。聚是为了放，而放又必须聚。在这里，聚与放是内与外的结合、人与事的结合，两者是相辅相成、辩证统一的。我们要以聚保放，以放促聚，凝聚各方面的力量，调动各方面的积极性，探索新的工作方式，建立新的工作机制，更好地为领导服务、为机关服务、为基层服务。

二、办公室"内聚外放"的主要途径

（一）立足办公室，变忙乱为规范

抓好办公室内部建设是克服工作忙乱现象的前提。我认为，室内建设应以提高素质、完善机制、改善条件为重点，营造一种健康向上的工作氛围，做到情绪高、关系顺、秩序好。

首先，要注重素质的提高。讲学习、讲政治、讲正气，是江泽民同志对党的全体干部提出的要求，对办公室来讲更有其必要性、紧迫性。抓住"三讲"，就抓住了提高办公室人员素质和工作水平的根本。各级政府办公室要坚持"三讲"，努力提高干部职工的政治素质和业务素质，以建设有中国特色社会主义理论为指针，牢固树立正确的世界观、人生观和价值观，努力实践全心全意为人民服务的宗旨。

其次，要注重机制的完善。这大致涉及三大方面：一是优化内部机构设置和人员配备，建立合理的运转机制，使办公室的职能更加明确、重点更加突出、关系更加协调、人员更加精干。二是规范工作秩序，形成约束机制，从基础抓起，以制度规范为保障，防止错、漏、差、慢、乱。无论是办文、办会，还是办事，都应做到环环紧扣，顺畅高效。三是实行包括目标管理在内的科学管理，强化激励机制，使办公室这个有机整体经常处于最佳工作状态，富有成效地运转。

最后，要注重条件的改善。"工欲善其事，必先利其器。"办公室必须有计划地加强办公自动化建设，借助科学手段，提高工作效率。要想方设法改善文秘人员的工作条件和生活条件，在政策许可下，多为大家办实事，尽最大努力为他们在政治上铺路搭桥、工作上鼓励撑腰、生活上排忧解难。

（二）走出办公室，变封闭为开放

新时期的办公室工作，要求我们积极探索室外办公，做到室内办公与室外办公相结合。

一是打开办公室大门，开辟新的办公渠道。各级办公室应当把办公室工作的触角伸向基层、伸向域外，可以在基层和部门建立调研、信息和督查工作联系点，作为了解和收集情况的窗口，形成纵横交错、反应灵敏的反馈网络。同时，还应当主动地走出去、请进来，善于学习和借鉴先进地区的新思路、新方法和新经验，以改进我们的工作方法。

二是加强办公室系统的广泛联系，充分发挥整体优势。政府办公室隶属于各级政府，相互之间没有直接的上下级关系。但是，我们的任务和目标是一致的，工作是相通的，办公室之间加强联系是必要的，作用也是广泛的。这种联系，包括纵向联系、横向联系和定向联系。我们要进一步加强政府系统办公室的联系，融洽上下关系，密切左右关系，努力使办公室形成一个充满生机和活力的开放系统。

三是深入实际，走群众路线。建立社会主义市场经济体制是一项前无古人的开拓性事业，必须在实践中探索。办公室工作人员要注意从会议、文件等事务堆里走出来，深入基层、深入群众、深入实际，信息调研要反馈实情，行政协调要多办实事，检查督促要务求实效。

（三）跳出办公室，变被动为主动

办公室工作具有很大的从属性和被动性，从被动中争取主动，是新时期办公室搞好服务工作的重要条件。如何于被动中寻求主动？关键是要跳出"庐山"看"庐山"，主动谋划，找准方向，而不能坐井观天，自觉不自觉地把自己的视觉局限在办公室的方寸之间，兜圈圈，炒剩饭。

一要从全局的角度主动谋划。要在繁杂的工作中求得主动，必须着眼宏观，善于从全局的角度谋划。这就要求办公室的同志牢固树立全局观念，了解全局的基本数据，掌握全局的基本经验，懂得全局的发展趋势，知道全局的存在问题。在思考每一个重大问题的时候，首先要掂量一下这个问题在全局中的分量，弄清楚这个问题与其他问题之间的内在联系，在宏观与微观、普遍性与特殊性、全局与局部的结合上提出解决问题的意见和建议。

二要从领导的角度主动谋划。有句话讲"不在其位，不谋其政"，而作为政府领导参谋助手的办公室工作人员，不在其位，当谋其政。办公室的同志只有想领导之所想，急领导之所急，站在领导的角度和高度来思考问题、研究对策、制订方案、提出建议，才能符合领导的意图。因此，我们要打破传统思维，突破角色限制，善于变换角度，从领导的位置审时度势，以求把工作做准、做活、做主动。

三要从应变的角度主动谋划。办公室工作具有明显的随机性特点，常常有突如其来的任务。我们要不断地总结经验，从各种变化中找出一般规律，在把握规律的基础上，超前谋划，从容应变。一方面，不断提高办公室工作的计划性，以不变应万变；另一方面，努力提高办公室工作的预见性，以变应变。

三、"内聚外放"对办公室主任的要求

（一）在"全天候"中做到及时服务

办公室的工作，基本是没早没晚、没日没夜，没有双休日，没有节假日。作为办公室主任，更是如此，可以说是"全天候"工作。我们要在"全天候"中做到及时服务。第一，要有速度意识。办公室主任组织和指挥工作要雷厉风行，做到急事急办、特事特办、快事快办。要使办公室全体工作人员都能抢机遇、抓时间、争速度，能一天办完的事决不用两天，能尽快解决的问题决不拖延。第二，要有超前意识。办公室主任要充分发挥主观能动性，增强工作预见性，力求考虑问题快半拍、早半拍、抢半拍，尽可能做到"雪中送炭"，而非"雨后送伞"。

（二）在"全方位"中抓好重点服务

随着改革开放的不断深入和社会主义市场经济的迅速发展，政

府办公室的服务内涵日趋丰富，工作是"全方位"的。它要求办公室主任既要告别单一型、走向复合型，又要学会"弹钢琴"、体现"重点论"，在兼顾一般的前提下突出重点服务。

抓好重点服务，不仅要求处理好政务与事务的关系，而且要求处理好一般政务与重要政务的关系。办公室的政务和事务是相互交叉、有机联系的整体，在认识和工作上不能顾此失彼，但又必须有所侧重。我们应花更多的时间和精力参与政务，协助政府抓好改革开放和促进经济社会发展，把政务服务贯穿于文稿起草、信息传递和督促检查等各个环节之中。从目前政府系统办公室工作的实际来看，办公室主任应突出抓好以下几个重要环节的服务：

一是政务信息服务。信息是领导决策的重要依据，搞好政务信息反馈是政府办公室的一项重要工作。办公室主任要围绕经济建设和社会发展的重大决策、重要部署、重点工程以及难点和热点问题，进行有意识、有目标、有计划的捕捉跟踪，发挥信息新、短、快、灵的优势。调查研究材料是深化了的有一定认识的信息，是高层次信息。除办公室本身开展调查研究以外，我们还要借用"外脑"，组织协调社会力量，多渠道、多层次、多功能地开展调研活动。这样，网络信息与调研材料的结合，就有了广度和深度，就能给领导决策和指导工作提供全面而准确的依据。

二是政务协调服务。在当前建立社会主义市场经济体制过程中，由于新旧观念和体制的冲突，上下左右各种利益的再调整和再分配，许多新情况、新问题必然反映到具体工作中来。如何把政务协调工作做好做活，特别是搞好职能部门之间的协调、社会热点问题的协调和敏感部位的协调，显得尤为重要。作为办公室主任，要注意研究新形势下协调工作的特点，进一步提高协调办事水平。

三是政务督查服务。督查工作是政府机关的重要职能，是贯彻上级决定和部署的重要环节，是保证各级政府实施决策、完善决策的重要手段。各级政府办公室都要高度重视政务督查工作，明确督查重点，正确掌握督查工作的原则和方法，建立健全督查工作体系和工作制度。办公室主任要把督促检查纳入经常性工作，在求实、务实、抓落实上狠下功夫，充分发挥政务督查的作用。

四是政府法制服务。政府法制工作是政府工作中的一项基础性工作，它是政府各种行政行为合法、适当的重要保证，也是改革开放和社会主义现代化建设的根本保证。各级政府办公室都要把政府法制工作真正摆到重要位置，加强领导，依法行政。办公室主任要自觉强化法制观念，学习、掌握法律法规，注意发挥法制机构及工作人员的作用，不断提高依法行政的水平，协助政府逐步把各项工作纳入法制化的轨道。

政府办公室是政府的参谋部。参谋的功能，是"参"与"谋"相融合的结果。办公室主任如果不注意自己的谋略性，就很容易在疲于应付之中"参多谋少"，甚至成为一般的"事务总管"。身为办公室主任，要当好"参谋长"，必须充分发挥谋划作用，做到：有谋而参，参而有效；谋大事，当高参；到位而不越位，够格而不出格。

（三）在"全身心"中确保优质服务

"全身心"，即把全部身心投入到办公室工作中去。怎样做到"全身心"呢？其一，身要正，心要热。作为办公室主任，政治要强、品德要好、业务要精、作风要实。没有强烈的事业心和责任感，不从内心深处热爱本职工作，是做不好办公室主任这份工作的。其二，身要勤，心要细。办公室工作无小事，稍有差错就会造成工作损失、带来不好的影响。这就要求办公室主任忠于职守，勤奋工作，周密思考，精心办事，做到急而不躁、忙而不乱。不肯动脑，不愿动手，疏于动笔，懒于跑腿，是当不好办公室主任的。其三，身要强，心要宽。由于办公室工作任务重、标准高、要求严、责任大，办公室主任没有强健的体魄吃不消，没有宽广的胸怀和乐观的性格也受不了。能不能正确对待批评和指责，能不能正确对待误解和委屈，这是对办公室主任修养和品质的考验。我们应拿得起、放得下，要有"大肚能容，容天下难容之事"的心境，丢下烦恼，大胆工作，让事实说话。

"全身心"的投入，会带来高效的工作、优质的服务。我们办的每一件事，实质上都有一个"产品"质量问题。办公室出"产品"，要追求高效和优质。我们要有求实作风，尊重实际，脚踏实地，讲求实效，不尚空谈，不做表面文章，不搞弄虚作假；我们要有一流意识，事事严格要求，件件精益求精，以思想的高境界、工作的高水平，争先创优，夺标争冠；我们要有创新观念，不满足已进行的服务工作，紧跟时代步伐，解放思想，勇于创造，不断更新服务内容，提高服务层次，开创工作新局面。

（刊载于安徽省政府办公厅《安徽政报》1997 年第 18 期。这是《安徽政报》首次发表工作交流文章。本文第三部分，中共中央办公厅秘书局《秘书工作》1997 年第 10 期以《我当办公室主任的"三全"要求》为题，在"秘书长主任谈心录"栏目摘登。）

政府办公室工作如何创新

我们刚刚跨进新世纪的门槛,处在国际经济全球化进程进一步加快,我国社会主义市场经济体制初步建立,各级政府职能转变不断推进的重要时期,宏观和微观环境都发生了很大的变化。在这样的形势下,研究如何做好政府办公室工作,特别是探讨管理创新问题,意义重大而深远。

坚持为政理念 塑造新形象

政府办公室是政府的决策参谋部、工作督查部、形象展示部、后勤保障部,是政府的"核心"、"中枢"、"耳目"和"窗口",要树立正确的为政理念,切实履行职责,在推进政务中树立自己的权威和形象。

一要为民执政。政府办公室要自觉实践全心全意为人民服务的宗旨。利用信息渠道,及时准确地反映基层和群众呼声;加大督查力度,推动基层和群众关注问题的解决;发挥协调职能,努力为基层和群众排忧解难。

二要依法行政。在撰写文稿、督查工作、协调事务,以及在文书管理、信访接待等方面，都要坚持有法必依、执法必严、违法必究。

三要从严治政。严守政治纪律，言行与党委、政府的决策部署一致。严守组织纪律，做到个人服从组织，下级服从上级，不折不扣地完成上级交给的任务。严守工作纪律，杜绝不负责任、得过且过、敷衍塞责、马马虎虎的现象。严守保密纪律，坚持原则，固守防线。

四要廉洁从政。办公室同志要时刻牢记江泽民总书记关于"自重、自省、自警、自励"的教导，严格用党纪、政纪约束自己，拒腐防变。要落实党风廉政建设责任制，一级抓一级，一级对一级负责。各级政府办公室都要廉洁奉公，勤政为民，杜绝一切利用工作之便，打着办公室和领导的旗号拉关系、要特权、谋私利的行为。

坚持争先创优　锁定新目标

办公室工作的繁杂性、事务性、具体性、被动性，容易使一些人满足现状，得过且过。我们要大力提倡比学赶超，锁定争先创优目标，激发新活力，再创新佳绩。

争先创优，必须倡导一种主动进取的精神。当前，在深化改革、加快发展过程中，确实面临不少矛盾和问题。但矛盾中孕育着新机，困难中充满着希望。大家所处的是同样的环境和背景，面对的是同样的矛盾和困难，关键就看我们的精神状态。如果我们主动进取，创造性地开展工作，就会有声有色，常变常新；反之，如果我们消极敷衍，就会无所作为，一事无成。

争先创优，必须营造一种奋发向上的氛围。办公室的负责同志要注重领导艺术，把营造环境摆上突出位置，为大家提供一个公平竞争的环境和施展才华的舞台。要采取多种有效措施，把机关干部职工的热情引导到学习和工作上来，塑造政府办公室勇于争先、奋发向上的新形象。

坚持综合管理　建立新机制

政府办公室要坚持"科学、规范、有效"的原则，多管齐下，综合管理，努力做到"高标准、高质量、高效益"，建立健全新的工作机制。

一是加强基础管理，建立规范的运作机制。要通过有效调度，优化运行机制，减少工作层次，简化中间环节，使日常工作更加准确、高效、灵敏运转。

二是加强动态管理，建立科学的整合机制。要提倡一线工作法。发现典型，及时总结推广；发现问题，及时纠偏拨正。要使各种工作在相互吸收、相互对抗中优胜劣汰，优化组合，把不称职的人员淘汰出局，把一些传统落后的方法摒弃出去，让各种功能在相互作用中融为一体，发挥整体效益。

三是加强目标管理，建立严格的激励约束机制。要建立科学完善的目标考评体系，增强目标编制的科学性、目标监控的经常性、目标考评的公正性。积极探索工作成效与干部任免、奖惩挂钩的途径和办法，使目标管理不仅成为抓工作落实的"助推器"，而且成为评价干部实绩、选拔任用干部的"硬尺子"。

坚持"内聚外放"激活新思路

"内聚外放"是指办公室对内要增强凝聚力,对外要扩大开放度。内聚,是动力;外放,是活力。这是深化改革、扩大开放的形势对办公室工作提出的迫切要求,是提高办公室水平和质量的有效途径。

所谓"内聚",就是统一思想,集中智慧,凝聚力量。政府办公室的同志要按照党委、政府的要求,认识同心、工作同力,各司其职、各负其责。要鼓励办公室同志收集资料,提供情况,积极进言献策。各级政府办公室要坚持不懈地加强和改进思想政治工作,采取灵活有效措施,教育和帮助大家树立理想、陶冶情操、理顺情绪、化解矛盾,以思想政治工作的巨大生命力,增强办公室内部凝聚力。

所谓"外放",就是打开室门,大胆引进;走出室门,大胆实践。要创造条件让办公室同志参加对外开放的实践,适当组织外出考察,开阔眼界;要通过多渠道、多形式的外放,使办公室工作更加贴近时代、贴近实际,焕发生机和活力。

坚持"谋大严小"发挥新效能

"谋大严小",就是精心谋划大事,严格管理小事。这是政府办公室参与政务、管理事务职责的具体表现。"谋大",就是在政府决策上提供科学的、有力的服务;"严小",就是在政府事务上提供严格的、有效的服务。两者相辅相成,不可偏废,在政府办公室工作中都具有特殊的重要性，构成了政府办公室工作的基本内容。

如何"谋大"？政府办公室的"谋大"，主要体现在这样几个方面：一是政务信息。政务信息是办公室提供决策信息的重要渠道之一，要建立"快捷通道"，学会"吹沙见金"。要充实政务信息工作人员，加大突发性事件、重要社会动态、紧急情况的信息报送力度，不断增强政务信息的时效性、适用性。同时，积极创造条件，加快办公自动化进程，丰富和及时更新政府局域网内容，开发网络资源，发挥网络作用。二是政务调研。调研是决策之基。做好调研工作，选题要准，使调研符合领导决策之需，参在关键处，谋在点子上；挖掘要深，强化精品意识，创精品、出效益，让精品产生影响力、生产力；形式要活，点面结合，区域内外调研结合。三是政务督查。在督查内容上，由事务性督查向决策性督查转变；在督查任务上，由被动接受向主动安排转变；在督查力量上，由单独督查向合成督查转变。要进一步加强督查部门建设，充实、配强工作人员。四是政务协调。要及时抓好经济建设和社会发展的重点、热点、难点问题和敏感问题的协调，从实际出发，审时度势，权衡利弊，把握政策，稳妥处置。对重大问题，要在调查研究的基础上提出协调预案，并及时向领导请示和汇报。

如何"严小"？办公室工作无小事。这里所说的"小"，是相对而言的。一是抓好公文处理。这是办公室的"当家活"，既要把好"进口"，严格规范公文运转程序，又要把好"出口"，严格控制发文，杜绝公文粗制滥造，不断提高文件质量。二是加强值班工作。政府值班室要做到人员落实、职责明确、运转正常。要特别重视妥善处理上访问题。三要搞好后勤接待。政府办公室要进一步规范管理职能，坚持管理科学化和服务社会化的方向，逐步建立与社会主义市场经济体制相适应的机关后勤服务保障体制。

坚持以人为本 打造新队伍

人是生产力中最活跃的因素、决定性的因素。在办公室管理中，必须坚持以人为本。要认真研究新时期的用人之道，以"三个代表"重要思想为指导，以新一轮机构改革为契机，选贤用能，充分调动干部的积极性，全面推进干部队伍建设。

首先，必须建设好领导班子。领导班子要加强学习，既要向书本学习，又要向实践学习；既要向领导学习，又要向办公室干部职工学习。学习和涉猎的知识越广泛，理解和把握得越深刻，做好工作的基础就会越扎实。与此同时，班子成员要以德正人、以才带人，既要发挥职务的权力影响力，又要发挥自己的非权力影响力。

其次，必须全面提高干部队伍的素质。当务之急，一方面要调整干部结构，包括年龄结构、知识结构、专业结构，选配年轻而又急需的专业人才；另一方面，对办公室现有人员进行培训、提高。要全面提高干部队伍的素质，真正做到政治强、业务精、作风实、纪律严，真正做到开口会讲、提笔会写、用脑会思、动手会做。

最后，必须做好选人用人工作。要结合即将进行的市县（区）政府机构改革，在办公室人事制度上进行大胆突破。破除论资排辈的旧模式，实行竞争上岗，以实绩定去留，凭贡献定岗位，做到能者上、庸者下、平者让，真正把办公室变成"一池活水"。要强化办公室人员流动机制，建立干部培养使用计划，及时将德才兼备、条件成熟的干部向组织部门推荐提拔，对外输送。政府办公室不但要成为培养高素质干部的"蓄水池"，更要成为输出高素质干部的交流站。

（2000年7月25日，时任安徽省副省长、省政府秘书长田维谦致信张正耀："从文中可以看出，你对如何做好政府办公室的工作，是作了一番比较深入的思索的。所提炼的观点也是较为系统和有一定的创新意义的。确实，办公室作为领导的参谋部和政务运转的中枢，联系四面八方，沟通上下左右，工作难度大，要求高，想做好实属不易，创新就更难。希望你今后不断探索，总结经验，将工作在已有较好的基础上提高到一个新的水平。"2001年5月28日，《安徽日报》以《浅谈政府办公室管理工作的创新》为题，摘登此文。全文刊载于安徽省政府研究室《决策咨询》2001年第9期。此文被中国科协学会管理中心学术专家委员会、中国科学技术情报学会学术委员会评为全国优秀学术成果二等奖，并作为中国改革实践与社会经济形势社科优秀成果报告会交流论文。被收入中国经济出版社2002年4月出版的《新时期全国优秀学术成果文献》一书。）

当好提高服务效能的排头兵

服务效能，是服务主体对服务客体所具有的潜能以及发挥此潜能时所收到的成效。就党委办公室而言，服务主体是党委办公室及其工作人员，服务客体是党委、部门、基层、企业和群众。服务效能包括三个基本要素：服务能力、服务途径、服务效率。提高服务效能，要求做到：服务能力要强，服务途径要广，服务效率要高。

办公室是做服务工作的，服务是办公室的天职。提高服务效能，是党委办公室的核心任务，是适应加强党的执政能力建设新形势、提高党委办公室执政服务能力的迫切需要，是发挥党委办公室职能作用的必然要求，是巩固和扩大先进性教育成果的重要抓手。因此，党委办公室必须切实抓紧抓好这一核心任务，当好提高服务效能的排头兵。

一、在争先创优上作表率，追求效能目标

党委办公室必须有一个良好的精神状态，没有良好的精神状态，再简单的工作也做不好，再强的服务能力也发挥不出来。争先创优，是党委办公室及其工作人员应当具备的精神状态，是党委办

公室提高服务效能的内在要求。

坚持争先创优，就是要求各项工作都走在前头，事事带头，处处当先，树一流标杆，创一流业绩。比如保密工作，要加强涉密载体源头管理，扩展保密工作领域，突出抓好"两个重点"，即党政军机关的保密工作和企业、院校、科研单位的保密工作，大力推进保密工作法制化、保密技术手段现代化、保密队伍专业化。机要工作，要在做好机要通信、密码管理的基础上，切实做好信息化密码保障和党委系统信息化建设工作。值班工作，不仅要做到 24 小时全天候，确保联络畅通、及时，而且要努力把值班室建设成为党委办公室联络协调的"中心"、高效运转的"枢纽"、联系群众的"桥梁"、树立形象的"窗口"、处置紧急突发事件的"前哨"。档案工作，既要做好传统的纸质档案收集管理，又要做好声像、实物档案以及软盘、光盘等介质档案的收集管理，还要做好党委重要活动和接待资料的收集归档工作。后勤工作，要积极推进管理科学化、服务社会化、保障法制化，做到既提速又提质。

二、在谋大严小上作表率，发挥效能作用

所谓"谋大严小"，就是精心谋划大事，严格管理小事。"谋大"，是为党委决策提供科学的、有效的服务；"严小"，是为党委的具体事务提供快捷、周到的服务。

"谋大"，是对参与政务的要求。地方党委凝心聚力议大事、抓大事，党委办公室就要一心一意谋大事、谋要事，"参"到点子上，"谋"在关键处，为党委决策和决策落实提供高质量的服务。何为

"大"？一是"大"在落实科学发展观、谋划发展大计、完善发展思路上；二是"大"在把握发展态势、落实发展举措上；三是"大"在解决突出问题上。做到"谋大"，必须抓好信息、调研、综合、督查等政务服务。信息的快速、准确十分重要。党委办公室要有强烈的信息意识，这个信息，既包括文字信息，又包括口头信息。调查研究是"谋事之基，成事之道"。调研工作要谋事求早，选题求准，机制求活，思路求新，探索求深。综合文稿是党委办公室以文辅政、参谋服务的重要载体。起草综合文稿，必须以提高领导满意度、基层认同感和对实际工作的指导性为追求目标，多出创新的思想、创新的对策，为党委参政设谋。督查督办既是抓落实的重要手段，也是办公室抓政务服务的重要途径。要加强督查干部队伍建设，注重提高素质、树立权威、增强效能，做到领导督查与部门督查相结合、督查机构与督查网络相结合、主动督查与交办督查相结合；要创新督查方式，积极推行到户督查、暗访督查、挂牌督查等模式。

"严小"，是对管理事务的要求。党委办公室肩负着党委机关工作正常运转、保持上下左右联系畅通的重任，只有严"小"，才能做到领导布置的任务不在你那里延误，群众提出的要求不在你那里"短路"，党委的形象不在你那里受损，重要差错不在你那里发生。对来电、来访，要做到认真对待，耐心细致；对文稿的把关，要字斟句酌、认真核校；对来宾接待，要文明礼貌、服务周到。无论是办文、办会，还是办事、接待，都要严格把好每个环节，周密安排每一个步骤，避免差错发生。

三、在内聚外放上作表率，建立效能机制

"内聚"，是对内增强凝聚力；"外放"，是对外扩大开放度。"内聚"是动力，"外放"是活力。

实行"内聚"，就是要按照构建和谐办公室的要求，统一思想，集中智慧，凝聚力量。党委办公室既是一个坚强的战斗集体，又应该是一个和谐的整体，必须营造相互配合、相互关心、相互支持的良好氛围，使大家心往一处想、劲往一处使，发挥出整体效能。要强化学习，做到"学习工作化，工作学习化"。要结合巩固和扩大先进性教育活动成果，建立健全规范的运行机制、科学的整合机制、严格的激励约束机制，调动和发挥每个工作人员的积极性。

实行"外放"，就是要打开室门，大胆引进；走出室门，大胆实践。党委办公室要创造条件让工作人员参加室外实践，适当组织考察活动，以开阔眼界。要鼓励办公室同志利用现有的网络条件，尽可能多地了解、学习外地的经验和长处，为我所用，推动工作。要加大交流、轮岗、外出考察、上挂培训、下派挂职力度，多方面锻炼工作人员，不断拓宽他们的视野，提高他们的工作能力。

四、在务实创新上作表率，塑造效能形象

务实创新，是服务效能的作风要求。党委办公室必须把务实创新作为加强效能建设的重要内容切实抓紧抓好，努力塑造效能形象。

要求真务实。党委办公室的工作都是具体实在的工作，必须大

力弘扬求真务实精神，大兴求真务实之风。求真务实，最重要的是要体现在执政服务的各项工作之中。无论是参政设谋，还是做事务工作，都应时时处处讲实话、出实招、办实事、务实效。

要开拓创新。创新是提高党委办公室服务效能的源泉。党委办公室要提高服务效能，推动各项工作，打开新的局面，根本出路在于创新。要营造创新的环境，广泛宣传勇于创新、善于创新的典型事迹，形成人人想创新、人人争创新的浓厚氛围。要逐步完善创新机制，对取得创新成果的要给予奖励，对创新遇到挫折的要理解宽容。要明确创新的主攻方向，坚持围绕经济建设这个中心和发展这个大局，自觉服从服务于党委制定的战略任务，着眼于解决"三服务"中的新情况、新问题。要完善创新服务效能的手段，努力提供更加高效快捷的服务。要从战略上开拓创新，重点探索如何适应党在科学执政、民主执政和依法执政上的新要求，进一步提高党委办公室全方位综合服务的效能。

以上"四个表率"，既是新形势、新任务对党委办公室工作提出的新要求，也是党委办公室加强执政服务能力建设、提高服务效能的主要路径。争先创优，是追求服务效能目标的要求；谋大严小，是发挥服务效能作用的要求；内聚外放，是建立服务效能机制的要求；务实创新，是塑造服务效能形象的要求。它们相互联系，相互促进，又统一于提高服务效能中。

（刊载于上海大学《秘书》2006年第5期"高端视野"栏目。2007年2月，某刊物发表的《用科学发展观指导军队秘书工作》一文，系抄袭此文。某刊物编辑部发现后，在当年第9期公布实情，并强调："抄袭是一种严重违背职业道德的不良行为，理应受到揭露和谴责。本刊一贯坚决反对抄袭，一经发现，都将予以公开批评。"抄袭者也向张正耀致信道歉。）

做好常委分工负责制下的党委办公室工作

党的十六届四中全会《关于加强党的执政能力建设的决定》提出："减少地方党委副书记职数，实行常委分工负责，充分发挥集体领导作用。"实行常委分工负责制，给党委办公室工作提出了新的更高的要求，我们必须迅速适应。

从我们了解的情况来看，目前要防止可能出现的几种不良倾向：其一，畏难情绪。有些同志依然习惯于过去在副书记分管情况下的那种工作状态，对实行常委分工负责制感到难以适应，难以开展工作，难以进入角色。甚至认为，常委分工负责制下的办公室工作没法搞，搞不好。其二，无所谓思想。有的同志不顾实行常委分工负责制新情况，仍抱着过去的老一套不放，搬老教条，抱老框框，按老办法行事，甚至美其名曰"以不变应万变"。其三，随意性状态。由于常委分工负责制刚刚开始，无现成的规章制度，有些同志想怎么干就怎么干，无章可循，工作上存在盲目性、随意性。

我认为，在实行常委分工负责制的新形势下，党委办公室工作既不能不变，也不能乱变。不变，可能会失职；乱变，可能会不称职。这里的关键，是要正确处理继承与创新的关系。常委分工负责制是一个新事物，我们要积极探索，从中寻找规律。在实行常委分工负责制的新形势下，做好党委办公室工作，首先是解决认识问题，更重要的是解决实践问题，必须见事早、反应快，大胆探索、积极创新，努力使办公室工作与时俱进，尽快适应新的形势需要。

做好常委分工负责制下的党委办公室工作，可从以下几个方面着手。

一、视野要开阔

视野开阔了，思想才能解放，思路才能拓展，出路才能打开。开阔视野，既要立足办公室，又要跳出办公室。"立足办公室"，是由办公室的地位、职能决定的。党委办公室是党委的综合办事机构，是党委施政的参谋部、司令部，具有沟通上下、协调左右、参谋服务等重要职能，是党委工作运转的中枢。如果不是立足办公室，而是离开办公室去谈开阔视野，那就失去了依托，没有实际意义了。"跳出办公室"，是由提高党的执政能力和改革开放的新形势决定的，也是常委分工负责制对办公室工作的要求。现在要做好办公室工作，再像过去那样收收发发、文来文往、电来电往不行了，再像过去那样等书记、副书记交办也不行了，而要走出办公室来抓办公室工作，还要跳出办公室来抓办公室工作。这就要求办公室的同志不断开阔视野，进一步增强党委意识、大局观念和"一盘棋"思想。必须看到，实行常委分工负责制，虽然副书记职数减少了，但办公室的工作任务不是变轻了，而是更重了。办公室既要为书记、副书记做好服务工作，也要为各位常委做好服务工作。而且，随着常委的职责和权力的扩大，办公室的服务领域更宽了，工作任务更重了。

这是因为各位常委分工负责的工作，都应纳入办公室工作领域。同时，对办公室工作的要求不是降低了，而是更高了。总之，实行常委分工负责制以后，党委办公室的服务对象更多了，服务范围更大了，服务任务更重了，服务要求更高了。既然如此，办公室的同志如果没有宽阔的视野、开放的意识、统揽的能力，是做不好工作的。

二、工作要主动

过去常说，办公室工作被动性很强，要从被动中求主动。实行常委分工负责制，要求办公室工作更为主动。工作不主动，办公室就会被边缘化，部门和基层办事就会去找常委所在部门，不找办公室。久而久之，办公室就掌握不了全面情况，工作必然陷入被动状态。主动才有作为，主动才有地位。

一是在政务服务中求主动。服务是办公室永恒的任务，而政务服务是重中之重。做好政务服务，要在抓第一要务、落实科学发展观上着力，要在发挥党委"总揽全局、协调各方"作用上着力，要在坚持党委民主集中制原则上着力。当前，地方领导班子换届后的一项重要任务，是要抓紧研究和尽快建立领导班子配备改革后新的工作机制和运行方式，包括明确副书记和党政兼职成员的分工，建立全委会、常委会议事规则和决策程序，健全相关制度，保证领导班子高效运转，充分发挥新体制的优势，展现新班子的新作风、新形象。办公室要切实做好这方面的服务。

二是在事务服务中求主动。办会方面，过去党委召开的会议主要是由书记、副书记主持召开，都由办公室承办。现在实行常委分工负责制后，常委履行常委职责主持召开的会议也都是党委召开的会议，党委办公室要主动参与会务，重要会议应由党委办公室主办会务。公文方面，实行常委分工负责制后，尽管公文送阅对象、批示和签发主体发生了变化，但凡是以党委或党委办公室名义发文，必须由办公室认真审核把关，统一印制、分发。上级党委的文件分发呈送，应扩大到常委，办公室要主动与各常委所在单位搞好衔接。办事方面，信息要反映各位常委政务活动情况，及时呈送各位常委；督查工作要督办各位常委批示交办件；调研课题安排要覆盖各位常委工作领域，在可能的情况下，要拟定所有常委的调研课题方案。

三、机制要适应

党委办公室现行的工作机制，在实行常委分工负责制的新形势下，有些可能不适应了，要及时做出适应性调整、完善性改进，推进办公室工作在新形势下的规范化、制度化、程序化，尽快变无序为有序，改旧序为新序。当前可从以下几个方面入手，逐步建立新的机制。

一是实行秘书长或主任协助常委制度。

二是设置适应新形势的内部机构。按照党政领导班子配备改革的新体制和经济社会生活的新变化对党委办公室提出的新要求，科学、合理地设置内部机构，界定职能，明确责任。内设机构暂时不动的，也应重新划分、明确职能和责任。

三是建立新的工作流程。实行常委分工负责制后，原先的办文、办会、重要接待、大型活动等运转程序，有些已经不适应新的形势了，应作适当调整，建立新的工作流程。

四是抓紧建章立制。过去，党委办公室建立了一整套工作制度。现在要逐一审核，该继续执行的要坚决执行，该废止的要废止，该修订完善的要修订完善，需新制定的要认真制定。

五是建立部门通气、协商制度。党委办公室必须重视与政府办公室和常委所在单位加强协调、协作与协商。

四、效能要提高

效能建设无止境。在常委分工负责制下，党委办公室的效能建设只能加强，不能削弱。党委办公室要在服务效能建设上做好四个表率，即在争先创优上作表率，追求效能目标；在谋大严小（精心谋划大事，严格管理小事）上作表率，发挥效能作用；在内聚外放（对内营造凝聚力，对外扩大开放度）上作表率，建立效能机制；在务实创新上作表率，塑造效能形象。

"效能"包括效率和能力，党委办公室应当进一步提高效率、进一步增强能力。比如办公室的谋划能力、"统揽"能力、协调能力，在常委分工负责制下的要求更严了。要进一步增强效能意识，明确效能目标。党委办公室作为参谋部，要"参"到点子上，"谋"在关键处，这是很重要的。对党委办公室来说，信息的快速反应、准确反应很重要，这也是在常委分工负责制情况下，办公室提高服务效能的重要途径。目前，社会矛盾的关联度、聚合度和敏感度都很强，在实行常委分工负责制情况下，怎么使信息快速反应，帮助党委当好参谋，及时有效地处理突发事件，把矛盾消除在萌芽状态，把群体性事件消除在初发阶段，这是一个重要课题，应认真研究解决。调查研究是党委办公室的基本任务，也是办公室工作人员的基本功。有没有调研意识，会不会调查研究，能不能通过调研体现水平，把调研成果转化为党委决策，是对我们调研工作的检验。至于督查工作，既是抓落实的重要任务，也是办公室抓服务的重要途径，必须紧抓不放。要重视解决效能建设中的突出问题，着力解决工作创新问题。要进一步加强机关党的思想、组织、作风和制度建设，夯实机关基层组织基础，充分发挥机关党组织在提高服务效能中的作用。

以上四个问题相互联系，缺一不可，开阔视野是前提，工作主动是关键，创新机制是基础，提高效能是目标。面对构建社会主义和谐社会的新形势、新要求，我们要努力开创常委分工负责制下办公室工作的新局面。

（2007年1月，时任中共安徽省委副书记王明方对此文表示肯定，并安排在全省党委秘书长会议上作交流。批示指出："正耀同志主动思考这个问题，值得参考。"此文刊载于中共中央办公厅秘书局《秘书工作》2007年第3期。河南省社科联《领导科学》2007年第3期，以《常委分工负责制下党办工作要领》为题刊载。）

高举旗帜　当好"旗队"

　　旗帜是方向、是动力、是灵魂。党的十七大报告开宗明义指出："中国特色社会主义伟大旗帜，是当代中国发展进步的旗帜，是全党全国各族人民团结奋斗的旗帜。"各级党委办公室学习贯彻党的十七大精神，不仅要把高举中国特色社会主义伟大旗帜作为根本的政治任务，更要把自己打造成高举旗帜的"旗队"，使旗帜鲜艳夺目、高高飘扬。

　　党的十七大对推进新形势下的经济建设、政治建设、文化建设、社会建设和党的建设作出了新的部署，提出了实现全面建设小康社会奋斗目标的新要求，这必然对党委办公室的服务提出更高的要求。党委办公室要履行好新形势下的工作职责，必须把高举中国特色社会主义伟大旗帜作为天职，以旗帜引领方向，靠素质高举旗帜，使每一位工作人员都能成为"旗手"，使办公室真正成为高举旗帜的"旗队"。

　　如何把党委办公室打造成高举中国特色社会主义伟大旗帜的"旗队"？我认为可以从以下三个方面着手：

一、创建学习型办公室，是"旗队"建设的基础

党的十七大从适应新形势、应对新挑战、建设高素质干部队伍的战略高度，进一步强调了建设学习型政党、学习型社会的重要性。学习是搞好服务的前提和基础。党委办公室必须把学习作为第一需求、第一动力，努力培养学习型干部，打造学习型办公室。

首先，要加强理论学习，坚定中国特色社会主义信念。当前，学习十七大报告要在深刻理解"四个坚定不移"上下功夫，进一步坚定中国特色社会主义的理想和信念，毫不动摇地坚持和发展中国特色社会主义。其次，要努力学习经济、文化、法律、科技、管理、历史、军事和办公室工作等方面的知识，提高履行岗位职责的本领。再次，要在"先学、多学、深学、恒学"上下功夫，做勤奋好学的典范。要先学一步，抢先掌握新知识、新本领，及时研究新情况、新问题，科学运用新方法、新措施，以学习的主动赢得工作的主动。要多学一些，拓宽知识面，实现知识结构由单一型向复合型转变。要深学一些，做到不明白的不放过、不全懂的不放过、不会用的不放过。要持之以恒，树立"学习为本""终身学习"理念，刻苦学习、埋头苦干，不断创造经得起实践、人民、历史检验的业绩。

六安市委办公室在创建学习型机关方面，开展了有益的探索。一是营造浓厚的学习氛围。引导干部职工树立"学习工作化、工作学习化"理念，把学习视为一种责任、一种修养、一种境界，使自觉学习、崇尚学习蔚然成风。二是科学引导学习内容。按照"需要什么学什么""缺什么补什么"的原则，引导干部职工立足岗位和自身实际，有重点、有针对性地开展学习，增强本领。三是创新学习

方式。积极探索互动式学习、座谈式学习、研讨式学习、开放式学习等方式，提高学习效果。去年（2006年），我们开办了“业务知识讲座”，每月一个专题，由办公室负责同志及科室负责人结合本职工作轮流主讲。今年，我们又设立了“学习论坛”，倡导每位干部职工走上讲台，谈学习、谈业务、谈发展。四是健全述学、评学、考学制度。把述学、评学、考学结果作为年终考评的依据之一。五是不断提高学习力。坚持学用结合，努力把学习的过程转化为创造性实践。创建学习型办公室活动的开展，提高了办公室的整体素质，增强了工作人员的服务能力，打牢了执政服务的坚实基础。

二、创建服务型办公室，是“旗队”建设的宗旨

服务是党委办公室的永恒主题。当今，只有创建服务型办公室，提高执政服务能力，党委办公室才能适应时代的要求、形势的需要，才能成为高举中国特色社会主义伟大旗帜的“旗队”。

创建服务型办公室，必须明确服务方向。党的十七大报告指出，科学发展、社会和谐是发展中国特色社会主义的基本要求。由此可见，推动科学发展、促进社会和谐，将成为党委办公室服务工作的出发点和立足点。党委办公室要在谋划科学发展、社会和谐的工作大计上下功夫，提出更具前瞻性、战略性、可操作性的建议，供党委决策参考；要在落实科学发展、社会和谐的举措上下功夫，及时了解、研究党委在科学发展、社会和谐决策实施过程中遇到的新情况新问题，为党委调整决策、完善措施做好服务；要在预见、发现和解决科学发展、社会和谐的突出问题上下功夫，努力把问题解决

在基层、解决在萌芽状态。

创建服务型办公室，必须把握服务途径。有效的服务离不开科学的路径。要立高服务标杆，把"创一流、争上游"作为工作目标，追求卓越。要拓展服务领域，改进服务手段，提高服务效率。要突出服务重点，围绕全面建设小康社会目标，围绕党委中心工作和阶段性工作重点，围绕部门、基层和群众关心的热点、难点问题，做好各项服务工作。总之，要把办公室打造成服务型"旗队"，为党委、部门、基层和群众提供更加对路、快捷、有效的服务。

近几年来，六安市委办在综合文字、调研、信息、督查、行政事务等具体工作中，积极探索，不懈追求，不断提高服务的有效性、科学性。综合文字工作，以提高领导满意度、基层认同感和对实际工作的指导性为追求目标，正确把握党委领导意图，多出创新的思路和对策，为党委做好参谋。调研工作，谋事求早、选题求准、机制求活、思路求新、探索求深，走出去、沉下去，在真调实研上下功夫，每年都推出一批有价值、有分量的调研报告。督查督办工作，着力完善督查机制，积极开展到户督查、问题督查、暗访督查、挂牌督查等模式，提高督查效果，多次受到表彰。办文、办会、办事等工作，都在超前、周密、细致上下功夫，严格做好每一件事情，把好每一个环节，周密安排好每一个步骤。优质服务、高效服务，促进了"旗队"新形象的树立。

三、创建创新型办公室，是"旗队"建设的动力

中国特色社会主义本身就是党的创新成果，是一代代中国共产

党人把马克思主义基本原理与中国具体实际相结合的产物，是科学社会主义与中国国情相结合的产物。

建设创新型国家，需要每一个组织、每一个公民都投身其中。创新，是党委办公室"旗队"建设的力量源泉，也是党委办公室工作的根本出路。党委办公室必须在坚持行之有效的传统做法的基础上，与时俱进，以工作需求为出发点，以形势发展为着眼点，积极推动工作理念、组织机构、工作机制和方式方法的创新。

党委办公室干部职工中蕴藏着极大的创新热情和创造潜能。加强创新型"旗队"建设，要大力倡导创新意识和创新精神，用新的思维去研究问题，用新的观念去搞好服务，使办公室工作始终充满生机活力。要广泛宣传勇于创新、善于创新的典型事迹，使大家学有榜样、赶有目标，积极投身创新实践。要完善创新机制，把创新压力传导到办公室内部机构，传导到每一位工作人员，在超前服务、细致服务、周到服务上下功夫、求突破。

几年来，六安市委办公室坚持改革创新，围绕提高执政服务能力大胆探索，有力地推动了各项工作的开展。例如，在深入调研和论证的基础上，提出"十一五"时期全市经济社会奋力实现"三大跨越"（综合实力新跨越、城市建设和农业抗灾能力新跨越、人民生活水平新跨越）的目标思路，被市委采纳，并写入市党代会报告。在调研工作上，创新调研方式，构建全市大调研格局，形成了上下联动、密切配合、互相支持的调研机制。今年（2007 年）成功开展"优化发展环境、提高服务效能"大型调研活动，形成了系列调研报告，受到市委领导的充分肯定。为适应党委实行常委分工负责制的新变化，召开了县区委办公室主任座谈会，进行专题研讨，转变工作思路，调整科室职能，使办公室实现了由原来以服务书记为主到以服务常委为主的转变，其做法在全省党委秘书长会议上进行交流。此外，还实施了办文办事限时制、错文公示制等新举措。各科室的创新工作也层出不穷，有力地促进了市委决策和工作部署的落实。

（2007年10月17日，中共中央办公厅秘书局《秘书工作》编辑部电话约稿：党的十七大文件精神学习心得。当日是十七大召开第三天，尚未闭幕。18日，赶写此文，编辑部随即在《秘书工作》2007年第11期"学习贯彻十七大精神"专栏编发。这是该编辑部向全国省辖市党委秘书长唯一的约稿。）

党委办公室队伍建设的思考

加强新形势下党委办公室队伍建设，打造一支政治坚定、忠诚可靠，胸怀远大、求真务实，素质优良、业务精湛，运转高效、开拓创新的工作队伍，是适应改革开放新形势的需要，是推进党的执政能力建设的需要，是提升办公室服务水平的需要。党委办公室的队伍建设，离不开党委的重视，离不开个体的努力，离不开办公室的营建。

一、党委要关心重视办公室队伍建设，选准带好"身边人"

党委办公室是党委最直接的综合服务机构，办公室人员是党委领导最贴近的服务人员，毫无疑问，党委办公室队伍的建设离不开党委的关心重视。

选好"身边人"。 党委办公室的性质、地位和作用，对工作人员各方面的素质都有较高的要求。能不能严格标准、把好进口，将那些素质好、水平高、潜力大的人才吸纳到党委办公室队伍中来，并促进这支队伍的新陈代谢，将直接影响到这支队伍整体的战斗力。应当看到，在一些地方，党委办公室人员流动缓慢、年龄结构老化、专业结构不合理的问题已影响到办公室工作的创新与提高。对此，应引起足够的重视。要广开渠道，不拘一格，按照公开、公平、公正的原则，通过选调、考录、培训、交流、挂职等多种方式，充实办公室队伍，增加新鲜血液。

育好"身边人"。同一台机器由不同的人来操作，同一块材料由不同的人来加工，肯定是有差别的，也许会有天壤之别；人的培育也是如此。党委办公室是人才聚集的地方，但人才没有固定的模式。如何安排适合的工作岗位，既能充分发挥个人所长，又能得到多岗位锻炼；如何通过科学的工作搭配和适度的任务加压，既能创造出最佳的整体效能，又能尽快增长才干、提高水平；如何做好思想政治工作，既能充分调动和保持工作积极性，又能及时化解和排除思想"疙瘩"，从而营造风正、气顺、心齐、劲足的和谐局面，等等，这些都是各级党委加强办公室队伍建设所面对的经常性课题。

管好"身边人"。中央多次强调，要加强对领导干部身边工作人员的管理。党委办公室工作人员作为党委领导的"身边人"，一言一行都格外引人关注。管好"身边人"，一靠领导以身作则，率先垂范；二靠完善制度，加大刚性约束；三靠社会舆论，鼓励群众监督。作为办公室工作人员，要自觉地、主动地、坚持不懈地讲党性、重品行、作表率，切实做到"四个遵守"，即遵守政治纪律，与党中央、与党委保持一致；遵守组织纪律，自觉服从组织安排，优质高效地完成各项任务；遵守工作纪律，牢记服务宗旨，改进工作作风；遵守廉政纪律，反腐倡廉，洁身自好，增强拒腐防变的免疫力。

用好"身边人"。用人导向，对办公室队伍建设至关重要。"留人"也是用人，要满腔热情地关心干部职工的工作和生活，坚持用事业留人、用感情留人、用必要的待遇留人。加大干部培养力度，为他们创造学习深造、交流锻炼的条件，使他们不断得到充实和提高，更好地成长进步。"送人"更是用人，要进一步加大培养选拔干部的力度，把那些德才兼备、群众公认的优秀干部及时提拔起来、输送出去，使办公室队伍始终保持蓬勃生机。办公室是"铁打的营盘，流水的兵"，在提拔、输送干部中，既要注重有序流动，又要防止青黄不接。

二、办公室工作人员要提高自身素质，争当"优秀队员"

"队伍"是由"队员"组成的。如果说一支队伍是一个木桶，那么每一位队员就是木桶的一块木板。正像木桶盛水多少取决于木板一样，队伍形象如何，也取决于队员。党委办公室的每一位工作人员，都应适应形势、岗位和任务的需要，加强学习与实践，提高综合素质，提升履职能力，争当"优秀队员"。

勇立潮头，争做"长板"。如果组成一个木桶的木板数量是既定的话，显然木板越长，这个木桶盛的水就越多。党委办公室每位成员若都能成为"长板"，党委办公室队伍这个"木桶"中的水自然就能保持高位。因此，作为党委办公室这支队伍中的一分子，每一位队员不但要争做木桶中的"长板"，还应永不满足于既有的高度，力争使自己这块"长板"越来越长。

互帮互学，接长"短板"。客观地看，一个团队中的成员不可能是整齐划一的、同样高度的"木板"。除了特别短的木板要剔除之外，我们要做的就是让相对较短的那些木板提升高度。党委办公室工作人员，既要善于互相学习，接长自己的"短板"，又要乐于互相帮助，接长别人的"短板"。只有这样，才会克服缺陷，弥补不足，达到相对一致的高度，我们才能共同进步。

增强合力，形成"整板"。一只木桶盛水多少，除了取决于木板的高度，还有一个重要因素，那就是木板之间的间隙。要使木桶多盛水，并长期保持较高水位，除了木板的长度和质量要求之外，还要努力减小木板间的缝隙。对于一个组织来说，即使组织内人才济济，高手如云，如果互不团结，相互掣肘，整体也绝不会有很强的战斗力。党委办公室是一个完整的团体，工作由大家做，成绩和荣誉也属于大家，只有大家团结一致，亲密无间，才能产生巨大的合力，才能发挥整体战斗力、保持长久战斗力。

三、党委办公室要开拓创新，建立队伍建设的长效机制

坚持以人为本。事在人为，业在人创，我们既要用人干工作，又要用工作育人。要依靠"人"开拓创新，围绕"人"做服务工作，把握人性需求，体现人情关怀，营造人文气氛。办公室坚持以人为本，既要发挥党团的作用，又要发挥科室的作用，正确处理"将"与"兵"、"编"与"岗"的关系。要关爱、激励每位工作人员，对他们工作上高标准、严要求，同时也要考虑和满足他们合理的个人需求。在政策允许和力所能及的情况下，为他们创造更好的学习、

工作、生活条件，为他们提供更广阔的发展空间。这既是对办公室工作人员的肯定和尊重，也是激发个体潜能、提高工作效能的需要。

加强制度建设。我们知道，要减小木桶木板之间的缝隙，就需要木板间降低摩擦，平滑对接。这是从木板自身而言的，也就是对组织内的个体而言的。但要真正使木板严丝合缝地组合在一起，形成一支完整木桶，不能仅仅依靠木板之间的合作愿望，更重要的是要靠桶箍。对于党委办公室而言，什么是使所有工作人员团结如一的"桶箍"呢？这就是制度。桶箍要坚牢、用力均匀，就像制度要严明、一视同仁，才能发挥作用。桶箍要松紧适度，太松木板会散开，太紧木板会成一捆柴火；办公室应通过行之有效的制度，调整内部关系，增强队伍合力。桶箍要调试，以适应不同季节和环境里温度和湿度的变化；制度建设也要与时俱进、开拓创新，根据时代发展和任务变化而不断完善。

重视载体创新。队伍建设是通过载体实现的。一方面，要继承和完善现行有效载体形式，如例会、座谈会、外出参观、现场观摩、专家辅导、业务竞赛、专题活动教育月和重大活动筹备工作组等活动载体；另一方面，要加大创新力度，探索出更多、更好的队伍建设载体。比如，六安市委办公室连续四年开展的"三型机关"（学习型、服务型、创新型机关）创建活动，对促进队伍建设、推动各项工作起到了重要作用。另外，市委办公室学习载体的创新，也收到了较好的效果。每月举办一次学习论坛，安排办公室工作人员，分别就各自业务知识、工作经验、学术专长、学习体会、人生感悟等进行主题发言。这种载体，将个人学习、团队学习与办公室学习三者有机结合，既增加了办公室工作人员相互学习、沟通和交流的机会，也为工作人员提供了一个展示自己、锻炼自己的平台。再比如，近几年各地探索的网络载体（信息网络、调研网络、督查网络等），有助于办公室运用室内力量与室外资源，更好地实施"借兵作战""联军作战"。网络载体的实践，使我们认识到：办公室的资源不局限于办公室，办公室的工作不能只在办公室做，办公室的工作也不能只靠办公室的人来做。像这种探索，今后还要继续下去，要在发展和创新中不断总结完善，丰富我们的队伍建设载体。

（此文是 2007 年 12 月 16 日在六安市县区委办公室主任座谈会上讲话的节录）

机关管理与效能建设篇

"重要的"与"更重要的"

——对市直机关科长如何实施领导的看法

领导是任何社会组织共有的一种现象。大到一个国家，小至一个科室，都存在着领导活动。市直机关的科长，毫无疑问属于领导者。

市直机关的科室是市直机关部门、单位的内部职能机构，也是市直部门的基本作战单位。科长是科室的带头人，是机关的骨干，也是市直部门工作的基石，可谓"官衔"不大责任大，职位不高要求高。那么，作为科长，如何立足弹丸之地，率晨星之兵，出色地实施领导，做好本职工作呢？我的看法是：

一、管住自己是重要的，但更重要的是管好全科

科长要以管住自己为前提，以管好全科为目的。这是科长的职位所系、责任所需。

第一，严格要求自己，以己带科。科长是一科之长，其如何对待工作，如何要求自己，对科室的同志有着深刻的影响，对科室的建设起着重要的作用。科长应从自己做起，从一点一滴做起，要求

别人做到的，自己首先做到；要求别人不做的，自己首先不做。在工作面前不怕苦，不叫累；在成绩面前不骄傲，不自负；在挫折面前不气馁，不回头；在诱惑面前不眼红，不伸手。要通过自己的言行，带动科室同志，促进科室建设。

第二，发挥人格力量，以德正科。"居高声自远，非是藉秋风。"应当看到，身为科长，其职位带来的强制性支配力是有限的，必须发挥人格力量。为此，要着力加强道德品质修养，做到勤政、廉政、实政，不断塑造自己的人格形象，使真理的力量与人格的力量相结合，扩大非权力影响力，从而树立自己的"人气"，树立科室的正气。

第三，提高自身素质，以才率科。科长，既是指挥员，更是战斗员；既要有组织的才干，又要有业务的才能。一方面，要提高自己的处事能力、协调能力、探索能力、应变能力；另一方面，对本职业务要精益求精，成为"行家里手"，做给大家看，带着大家干，从而把科室建设成为全市的业务带头科室。

第四，注重制度建设，以规治科。科室人手少、事情多，要避免忙中出乱、忙中出错，重在制度建设，靠制度促进工作机制的建立和工作程序的规范。科长要按照机关的统一要求，立足本科实际，细化制度，明化分工，强化责任，优化流程，使科室同志各司其职、各负其责，使科室工作有条不紊、井然有序。

第五，营造科室环境，以家待科。著名教育家卡耐基说过："一个人的成功，只有15%是靠他的专业智慧，而85%是靠他良好的人际关系和处世能力。"营造良好的科室小环境，对个人的成长、工作的开展至关重要。科长与科室的同志朝夕相处，应在科室中营造出家庭一样的氛围。科长以家待科，科室的同志以科为家，才能在工作中彼此沟通，相互默契，"家和万事兴"。

二、充分发挥个人的能力是重要的，但更重要的是充分发挥科室的整体合力

领导活动的主体，是由领导者与被领导者共同构成的。在科室工作中，科长应当是高人一筹，领先一步，要善于抓重点、难点、热点、亮点，切忌孤军作战，孤芳自赏，事无巨细，一人独揽。一个称职的科长，要善于谋兵布阵，形成合力，这样才能干成事，出成果。

一要增强带兵意识。作为科长，光把本职工作干好还不行，还要把队伍锻炼出来；光个人工作上呱呱叫还不行，还要使科室个个同志工作上都叫呱呱。因此，该进则进，该退则退；该上则上，该让则让；该统则统，该放则放。既要以带头工作来引导他人，又要以放手"单飞"来锻炼他人；既要以有效指导来提高他人，又要以及时宣传来展示他人。

二要具备带兵资格。孙子兵法曰："将者，智、信、仁、勇、严也。"意思是说，将领就是指挥者所具备的智慧、诚信、仁爱、勇猛、严明等素质。科长真正的带兵资格，不是职位所给予的，而是在实际工作中形成的。为此，科长要通过多种途径树立自己工作上的权威。要主动学习，勇于探索，奋发向上，不断追求，堂堂正正做人，踏踏实实做事，以德、能、勤、绩树立表率作用，赢得科室同志的尊敬和信任，提高凝聚力和向心力。

三要提高带兵艺术。美国管理学家艾伯斯毫不隐讳地说："领导的艺术在于不使下属知道而操纵摆布他们，在大多数情况下，一位有效的领导人并不知道他在玩这种'把戏'。"带兵艺术的中心就是如何发挥部下的作用。科长要知人善任，用人之长，宽以待人，乐于助人。要合理分工，及时调度，有劳有逸，有张有弛。要善于结合实际开展思想政治工作，引导好、保护好、调动好科室同志的积极性，尽力帮助科室同志解决实际问题。该表扬时，要适时肯定；需批评时，宜讲求方法。特别是在一个人犯了错误的时候，既不能姑息迁就，更不能落井下石，而应真诚地批评、教育和帮助，这样才能对他人进步有利，对事业有利，对自己工作有利。

三、无条件地执行任务是重要的，但更重要的是创造性地开展工作

科长对于上级领导交办的任务，必须无条件地接受、执行、完成。这是由机关的性质、科长的职责所决定的。但是，作为科长，更要根据科室职能的要求和工作形势的需要，主动寻找任务，创造性地开展工作。

其一，加大工作的预见度。对科室工作，要明确思路，探索规律，重点突破，全面推进。对一些可以预见的工作，不要消极等待领导安排，而应主动着手，及早准备；要超前思考，想领导之所想，想领导之未想，提前搞好调查研究，做到参之有时，谋之有方；对于领导或会议部署的工作，不能等领导催办，而是要主动反馈，及

时督查，认真落实。

其二，加大工作的开放度。科长要走出科室看科室，跳出本职干本职，善于运用立体的眼光、动态的观念看待科室职能，以开放的思路来开展工作，不能满足于上传下达，当"传声筒"；更不能唯书唯上，当"书记员"。要打开室门，走出室门，大胆实践。对自己工作上好的做法要及时总结，对外部新鲜的经验要认真汲取。

其三，加大工作的创新度。科室工作要克服一般化，跟上时代的发展。要把能不能改革创新放在科室工作重要位置来衡量，作为科长的第一位任务。要提倡树立"四新"，即新思维、新标准、新举措、新局面。"新思维"，就是改变思维方式，思想要活跃，敢于去琢磨，敢于动脑筋；"新标准"，是指根据新的形势，对科室工作确立新的标准，不断提高工作水平；"新举措"，关键在于能否准确把握工作中的问题，并提出有效解决问题的办法；"新局面"，需要在横向上、纵向上确立自己的竞争目标，形成特色，争先创优。

四、考虑科室的局部利益是重要的，但更重要的是顾全单位的集体利益和全市工作大局

科长对科室的利益，该争取的要争取，该维护的要维护。但应注意的是，科长要自觉地把局部利益置于大局利益之中，做到局部利益与大局利益相统一。没有全市的工作大局和机关的整体利益，科室的职能就无从依附，个人的发展就没有基础。

与领导要"同心"。科长要带头尊重领导，服从领导，与领导

班子心往一处想、劲往一处使。科长工作很辛苦，但不能把困难挂在嘴上，更不能在领导交办任务时提出一些不适当的条件。要心胸宽广，养成豁达的气度。当受到误解和不公正批评时，要抱着一种"有理也让人"的态度，静得下心，沉得住气，有时候甚至要委曲求全；当领导不接受自己的建议时，不可操之过急、固执己见，更不能牢骚满腹、消极怠工。要有融通融和的本领，做好领导之间的沟通工作，平时在领导面前要多讲有利于团结的话，尤其是不能制造矛盾，不能在群众中乱发议论，传播扩散不团结的所谓"内幕"，更不能在领导之间添油加醋、捕风捉影、搬弄是非。

与同级要"共振"。各科室的负责人，在机关内发挥着异曲同工的作用，要在工作中密切配合，步调一致。正常情况下，属于别人工作范围内的事情绝不干预，属于自己职责的工作绝不推卸。但需要配合时，要主动积极；需要支持时，要真心帮助。大事讲原则，小事讲风格。在日常工作生活中，处处要体现对其他科室同志的尊重和关心。

与大局要"合拍"。市直机关的科长要紧紧围绕市委、市政府工作中心，树立"全市一盘棋""全局一盘棋"的思想，多参谋、多协调、多落实，演好"大合唱"。特别是在关系全局的大事上，视野要远一些，考虑要全一些。要实事求是地反映情况，提出建议，报告工作。对领导作出的决策和工作部署，要坚决落实，不含糊、不走样。

（根据 2001 年 11 月 24 日在六安市政府办公室"怎样当好科长"研讨会上讲话整理。刊载于中共安徽省直工委《七月风》2002 年第 12 期、中共六安市委《今日六安》2002 年第 7 期。）

有益的探索　良好的开端

——六安市直创建"三型机关"活动的调查

2000 年撤地设市以来，六安市直机关以"加强纪律、改进作风"为主题，开展了"解决五不、争创三优"（"五不"：职能转变不快、服务意识不强、纪律执行不严、工作作风不实、工作效率不高；"三优"：优美环境、优良秩序、优质服务）等活动，有效地促进了机关纪律作风建设，机关的面貌大为改观。为进一步加强机关党的执政能力建设，适应建设小康六安的需要，六安市委、市政府决定从2004 年开始，用三年时间，在市直机关扎实开展创建学习型、服务型、创新型机关活动（以下简称"三型机关"）。从今年（2004 年）的实践来看，市直单位创建"三型机关"活动开端良好，效果明显。

一、基本特点

（一）立意高远，主题突出

六安市委站在实践"三个代表"重要思想、加强党的执政能力建设的高度，站在进一步提升机关形象、大兴求真务实之风的高度，站在营造良好发展环境、推动全面建设小康六安进程的高度，审时度势，作出在市直单位开展创建"三型机关"活动的决定。创建活动目的明确，就是以建设学习型机关为基础，加强学习教育，提高干部职工的政治素质、理论素质、知识水平和业务能力；以建设服务型机关为宗旨，转变工作作风，提高服务效率和水平；以建设创新型机关为动力，增强工作活力，努力形成干事创业、争创一流的机关工作氛围。创建活动主题突出，就是进一步完善行政管理体制，转变政府职能，提高行政效能，优化发展环境，推动六安更快更好的发展。

（二）市委重视，部门积极

早在去年 12 月，六安市委一届六次全会就对市直开展创建"三型机关"提出了要求。今年初，经市委常委会研究，成立了市直创建"三型机关"领导组，市委办公室、政府办公室印发了创建"三型机关"活动方案。2 月 26 日，市委、市政府召开动员大会，市长主持会议，市委书记作创建"三型机关"动员报告。市直创建活动领导组办公室设在市直工委，市直工委领导班子 4 名成员全力以赴抓创建的日常指导和协调工作，并创办活动简报。市人大、市政府、市政协在年初的"两会"报告中，分别就创建"三型机关"活动进行了部署。各部门闻风而动，纷纷成立相应组织，出台措施，结合实际开展创建工作，先后有 79 个市直属机关单位、8 个省属单位上报了实施方案。市几大班子办公室率先垂范，市直其他单位积极呼应，主动而为，创建活动不仅在本机关开展，而且还延伸到基层。

（三）讲求实效，措施有力

市委要求各单位"一把手"切实负起创建工作的第一责任，分管领导亲自抓，单位党组织具体负责实施。创建工作分三年进行，领导组适时出台了《2004年度考评细则》，年终对各单位创建活动进行考评。建立长效督查机制，每月由市委督查室、市创建办公室牵头，组织相关人员进行明察暗访。定期安排市委督查组成员、部分市人大代表、政协委员赴有关单位进行重点督查，力求创建工作取得实效。市直大部分单位都能从实际出发，找准切入点，注重在创建活动中解决实际问题。市农委为增强机关干部职工的服务意识，以贯彻中央1号文件为契机，建立了委领导联系县区和科级干部联系重点产粮乡镇工作制度，实行"1+1"行动，工作重心下移，服务向基层贴近。市计生委把创建"三型机关"与转变职能结合起来，变工作检查为业务指导，解决"隔热层"问题。市科技局积极推进农村科技工作创新，开展了"科技专家大院建设"活动，为农民增收创造条件。

（四）统筹兼顾，注重结合

市委在部署此项活动时，不是就创建抓创建，而是要求各单位紧紧围绕加快发展这个"第一要务"进行，与机关各项工作紧密结合。一是与机关党建结合。以党建带创建，以创建促党建。市委发出了《关于进一步加强市直机关基层党组织建设工作的意见》，并召开市直机关党的工作会议就党建和"三型机关"创建提出具体要求。二是与机关业务建设结合。通过创建活动，促进部门履行职责，以出色的工作业绩来检验创建成果。如市教育局结合学习《行政许可法》，减少审批事项，简化办事环节，压缩办事时限，局机关正在由"管理型"向"服务型"转变。市检察院控申部门开展了"走百户人家，宣传百条政策，解决百道难题"活动，全力争创"三型处室"。三是与政风、行风建设结合。市环保局在市人大代表、政协委员和机关、企业中聘请了40名行风评议员和监督员；市地税局提出"宁愿自己多吃苦，也让百姓夸政府"，以新的服务理念赢得民心。四是与精神文明创建结合。今年是新中国成立55周年，六安城市在创建过程中变得更亮、更美、更安全。五是与年度目标考核结合。大部分单位的工作任务都按时或提前完成。1—9月，全市实际利用市外资金29亿多元，完成了省下达的全年招商引资目标任务。

二、初步效应

从调查和督查的情况来看，市直机关都能把"三型机关"创建活动变成机关建设的自觉行动，有组织领导、有活动方案、有创建目标、有具体措施，抓学习、谋发展、强服务、求创新已蔚然成风。

（一）把创建"三型机关"活动作为加强机关建设的主要载体

市委办公室紧紧抓住创建"三型机关"活动这个载体，先后举办学习《行政许可法》、金融知识等专题讲座和微机操作培训班，组织干部职工到扶贫村结对帮扶、捐款救助失学女童，开展述学评学考学活动，完善办公室规章制度，创建工作开展得有声有色。市政府办公室以"按规章办事，按规范运作，按规矩做人"为主要内容开展创建活动，方向明，措施力，效果好。市直不少部门都能按照市委的统一部署，围绕创建目标，加强规范化建设，着力提高机关效能。

（二）把创建"三型机关"活动作为营造发展环境的基础工程

市直机关建设如何，直接关系到经济发展环境的好坏，影响到全面建设小康六安的大局。现在，市直部门越来越清醒地认识到创建"三型机关"的重大意义和作用，明确自己所肩负的职责和使命，根据创建工作要求，认真查摆自己在影响发展环境方面存在的问题，并立即进行整改。市建委在查摆问题过程中不遮不掩，针对建设项目报批烦琐的问题，大胆精简和改革建设工程办理程序，由原办理法定时限15天缩短为5天，对资料齐全的项目报建，实行即来即办，大大方便了建设主体。工商、税务、金融、技术监督等部门以发展地方经济为己任，转变观念，贴近企业，服务基层，以实际行动来营造良好的发展环境。

（三）把创建"三型机关"活动作为提高干部素质的有效抓手

为推动市直机关的学习，市直创建"三型机关"领导组每季度举办一次大型学习讲座，还举办了市直机关学习经验交流会，引导市直单位把学习作为机关建设的基础工作抓紧抓实。市人大常委会各位副主任都能以普通党员、干部的身份参加机关每次组织的各类学习活动，带头发言，带头撰写学习体会文章在报刊上发表，起到了很好的示范作用。许多单位采取"引进来""走出去"等办法，加强调学培训、组织下基层锻炼、外出考察学习、开展网络教育、在政府及本系统网站开辟学习论坛等，把学习当作工作来对待，把工作当成学问来研究。团市委开展"一季一本书，每日一小时"读书活动，领导带头撰写读书笔记和学习心得。法院、民政、劳动、水利、交通等部门都制定了详细的创建计划，一个一个活动的开展，一个一个问题的解决，干部职工的整体素质和服务水平明显提高。

（四）把创建"三型机关"活动作为建设小康六安的重要平台

市直部门在"三型机关"创建活动中，找准角色，转变职能，千方百计为全市发展大局服务，为全面建设小康六安出力献策。市计划委围绕建设小康六安目标，在大量调查研究的基础上，制定了我市"568"计划项目，明确了市政府直接调度的12类重点项目，出台了计划考核奖励实施意见，编制了计划项目网上申报和项目管理系统。市经贸委机关23人，除特殊岗位留4人值班外，其余全部下到企业，帮助指导改制工作，为市属企业顺利改制发挥了积极作用。

三、问题及意见

市直单位创建"三型机关"活动总体情况是良好的，但也存在一些问题，应引起重视，并切实加以改进。

一是"一阵风"的问题。少数单位对创建"三型机关"活动的重大意义认识不够高，领导重视不够，工作虎头蛇尾。当前，要结合学习贯彻十六届四中全会精神，以加强党的执政能力建设为切入点，对创建工作进行再宣传、再动员、再督促，真正使机关广大干部职工认识到创建"三型机关"是机关转变职能、适应新形势新任务的需要，是"立党为公，执政为民"的需要，是贯彻十六届四中全会、提高自身工作水平的需要，从而推动创建工作深入持久地开展下去。

二是"表面化"的问题。有的单位创建工作搞形式主义，实际效果不够理想。市直创建"三型机关"领导组将加大指导、督查和考评的力度，对创建工作做得比较好的单位，通过媒体宣传、简报推介、典型交流等形式进行广泛的引导和推动。同时，结合新时期共产党员的先进性教育活动，市领导组办公室将开展"三查三看"活动，即查《实施方案》落实进度，看实施过程的原始档案；查各单位查摆问题的梳理情况，看具体的整改措施和效果；查各单位的创新成果，看干部职工的精神状态，努力在创建活动的深度上下功夫，在提高机关执政服务水平上求实效。

三是"两张皮"的问题。有的单位没有把创建与本单位的工作紧密结合起来，不是统筹安排，而是顾此失彼。市直创建领导组将根据具体情况进行指导，促其统筹兼顾，有机结合，学会"弹钢琴"。领导组亦可搭桥引线，使创建富有特色的单位与创建工作起色不大的单位联动实施"结对牵手"工程，推动创建工作平衡开展，共同为六安更快更好的发展营造良好的环境。

（刊载于 2004 年 11 月 26 日《皖西日报》。中共安徽省直工委《七月风》2005 年第 1 期首篇以《创"三型机关"的有益探索》为题刊载。作者时任中共六安市委常委、市委秘书长，兼任中共六安市直工委第一书记、市直创建"三型机关"领导组组长。）

抓住关键　提高效能

　　机关效能建设的着力点，是强化对主体综合素质的提升及行为的规范，为客体提供高效优质的服务。提高机关效能，要做到：服务能力要强，服务途径要广，服务效率要高。

　　在增强意识上着力。要有良好的精神状态，坚决克服官气、暮气、惰性和浮躁气，始终保持朝气、锐气和正气。要有强烈的进取意识，争先进位，树一流标杆、创一流业绩。要进一步增强工作责任心，增强主动服务、超前服务的意识，以优化环境为己任、以服务发展为天职，将过去要求基层和群众怎么做，转变为基层和群众需要怎么做我们就怎么做，努力提供优势高效服务。

　　在转变作风上着力。要求真务实，深入实际，把服务的着力点放到研究解决改革发展稳定中的重大问题、群众生产生活中的紧迫问题、本职工作中的突出问题上。当前，要围绕优化发展环境这个主题下功夫。每个部门和单位，既要把人民群众关注的共性和热点问题作为切入点，又要把本部门本单位效能提高的个性和关键问题作为突破口，精简会议、文件、简报，减少事务性活动，压缩不必要的迎来送往，集中精力谋划本部门、本行业发展大计。要严格控制各种检查评比、达标活动，切实减轻基层和企业负担，维护其正常的工作和经营秩序。要切实维护群众的根本利益，为群众解难题、办实事。要加强党风廉政建设，培养高尚的道德情操，养成良好的生活作风。

在拓展途径上着力。要适应社会主义市场经济的要求，实现职能由"权力型"向"责任型"，由"管理型"向"服务型"，由"无所不为"向"有所为、有所不为"转变。要继续深化行政审批制度改革，重点解决审批事项过多、过于集中和减瘦留肥、明减暗不减等问题，简化审批手续和办事程序。要深入推进政务公开，对项目审批、办证审照、批钱批物及执法处罚等群众关心、社会关注的问题，进一步公开办事标准、办事结果，不断增加透明度。要加强电子政务建设，充分利用现代信息、网络技术，提高服务水平。要加强机关党建工作，做好服务效能建设中的组织领导和统筹协调工作，增强单位内部凝聚力、创造力、战斗力。

在建立机制上着力。按照"科学、规范、高效"的原则，建立、完善、落实重要工作机制。要完善重大决策的规则和程序，建立健全协商协调、论证咨询、公示听证，以及决策公开、决策失误责任追究等制度，通过多种渠道和形式广泛集中民智，使决策建立在科学、民主的基础上。要进一步建立、完善和落实民情反映、社会保障、公共卫生服务、劳动力素质培训和扶贫帮困等制度，建立完善社会利益协调机制、矛盾调处机制、重大突发事件的预警应急机制。要结合工作性质和岗位特点，进一步健全和完善内部工作规则，继续强力推行岗位责任制、服务承诺制、限时办结制、否定报备制、首问责任制、失职追究制、窗口部门一次性告知制等制度，形成比较完善且操作性较强的机关服务效能建设机制。要着眼于调动机关和干部的积极性、主动性和创造性,坚持自律与他律相结合,把机关效能建设作为工作目标考核、领导干部述职述廉、公务员年度考核的重要内容,规范和完善机关评优创先、投诉受理、效能告诫、责任追究等制度,加大效能监察力度,促进机关干部认真履行职责,提高工作质量和服务水平。

(刊载于 2006 年 4 月 17 日《安徽日报》。收入人民日报出版社 2006 年 2 月出版的《学习贯彻党的十六届五中全会精神·创新与发展》一书。)

提高机关服务效能浅探

　　机关服务效能，主要是指机关及其工作人员为党委政府、部门、基层、企业和公众等提供满足其需要的及时的有效的服务。简言之，就是机关服务科学发展的效能、服务人民群众的效能、服务各项工作的效能。

　　近年来，省委、省政府就加强省直机关效能建设，采取了一系列举措，取得了明显成效。全省各地都在提高机关服务效能方面进行了有益的探索。从初步探索的情况来看，提高机关服务效能，需要在以下几个方面出新招、求实效。

在转变职能、改进作风上下功夫

　　机关职能是机关担负的职责和具有的功能。在开放的社会主义市场经济条件下，机关职能能否适时适需转变，不仅影响政府及机关的管理水平，甚至影响执政目标的实现。随着政府由"管制型"向"服务型"转变，提高机关服务效能日显紧要。

　　其一，从管的过多、过细的地方"退位"。政府及机关应按照职能定位和职责分工，把无须管、不该管的事，还权给企业、还权给市场、还权给中介组织。须由市场调节的，交由市场调节；须由行业自律的，鼓励行业自律；须由中介组织解决的，充分发挥中介作用。不需行政许可的，不设置前置许可条件。

其二，从服务不快、不好的地方"补位"。 各级政府应根据新的形势要求，给机关职能以明确的界定，一方面使公众的服务需求能够得到相应机关的提供，另一方面使机关明确何可为、何不可为。各机关单位应不断探索，建立科学的工作流程，量化工作时间，提高机关服务的主动性、贴近度和满意率，实现高效、优质服务。

机关作风是机关服务效能的外在表现。毫无疑问，改进机关作风是机关效能建设的重要任务。当前，一要注重发挥领导干部在改进作风中的带头作用。领导干部的作风，不仅影响自身的工作效能，而且影响部门、单位乃至分工领域的工作效能。提高机关服务效能，首先要提高领导干部的服务效能。从领导干部个人来说，对于自己职权范围的事，应雷厉风行，速决速断。需要对上汇报的，立即报告；需要集体研究的，认真讨论；需要对下部署的，精心安排。以个人言行率先垂范，为机关效能建设做出榜样。二要注重解决机关工作人员的"木桶效应"。对于服务意识不强的，应加强服务理念教育，使机关工作人员认识到为基层服务、为公众服务、为市场主体服务是机关的职责所在、任务所系，牢固树立"机关工作就是服务"的理念，把服务的要求贯穿于工作的始终。

打造一支适应要求的队伍

机关干部队伍是效能建设的主体，是提高服务效能最基本、最活跃、最关键的因素。必须把提高干部素质作为基础性工程来抓，着力打造适应现代效能机关要求的干部队伍。

首先，以理论武装促队伍建设。加强机关工作人员的政治理论教育，是机关效能建设的重要着力点。应按照胡锦涛总书记提出的"四学习、四提高"以及在中央纪委第七次全体会议上倡导的"八个方面良好风气"的要求，加强邓小平理论、"三个代表"重要思想以及十六大以来党中央提出的一系列重大战略思想的学习教育。当前，要重点加强科学发展观教育，不仅要入脑入心，而且要体现在岗位上、落实在行动上、见效在成果上。

其次，以业务提升促队伍建设。推进学习型机关建设，工作人员必须树立学习是生存和发展需要的理念、终身学习的理念。同时，应健全述学、评学、奖学制度，推进工作学习化和学习工作化。以学习力的提高、业务水平的提升来推进干部队伍建设。

最后，以创新促队伍建设。机关工作遇到的新情况、新问题，需要以创新的理念、创新的举措来解决。应积极培育机关创新文化，鼓励工作人员创造性地开展工作，深入推进效能建设向深度和高度进军。

找准切入点，抓住着力点

机关的职能、性质、特点不同，决定了效能建设的重点不同。各单位基础、要求、问题不一样，效能建设的切入点也不一样。譬如，有的单位经办人员办事效率低，甚至拖而不办，就应通过监督机制的建立健全，对主观故意和工作失职的，追究效能责任，提高经办人员的责任意识和效率观念。有的单位内部职能科室设置不合理,一个审批项目有若干科室同时管,就应将具有审批职能的科室向一个科室集中,并且改"串联"审批为"并联"审批,优化审批程序,提高审批效率。有的单位服务手段和方式落后,可以网上咨询和办理的事项仍需现场办理,就应大力推进电子政务建设,推行网上审批、网上备案等现代化服务,提高服务的有效性。总之,各单位都应从自身实际出发,突出重点,体现特色,使效能建设在解决实际问题中推进。

机关效能建设,需要以适当的载体、平台和抓手来推进。六安市委、市政府从 2004 年开始,在市直机关开展创建学习型、服务型、创新型机关活动,一年突出一个创建主题,使机关效能建设不断向前推进。四年来,创建"三型机关"活动在素质提高、服务提优、效率提速方面取得了明显成效,已成为市直单位效能建设的重要平台和主要抓手。

以制度建设为重点

制度建设是机关效能建设的基础性工作,是巩固和发展效能建设成果的重要保证。应按照"坚持一批、完善一批、制定一批"的思路,把制度建设贯穿于机关效能建设的各个方面。

第一,完善制度体系。制度具有双重作用,科学、合理的制度会提高效能,过时、滞后的制度会阻碍效能。有必要对现有的条规进行认真梳理,该制定的制定,该修改的修改,该废止的废止,使制度始终发挥积极的导向作用。当前,重点是健全内部工作规则,进一步实施岗位责任制、服务承诺制、限时办结制、否定报备制、首问责任制、失职追究制、窗口部门一次性告知制等，形成比较完善且操作性较强的制度体系。

第二，把效能之举上升为制度。现在，有不少单位将效能建设中的好经验、新创造，通过制度化为经常之举，使之能长期发挥作用。这是可贵的探索。当前，要重视建立和完善民情反映、社会保障、公共卫生服务等制度，建立和完善社会利益协调机制、矛盾调处机制、重大突发事件的预警应急机制等。

第三，积极推进制度的贯彻落实。应建立制度执行的信息反馈机制、督促检查机制以及奖惩机制，促进各项制度落实到位。

党建与效能有机结合

提高机关服务效能，需要全体机关干部的积极参与、不懈努力，更需要党组织领导作用和党员干部带头作用的积极发挥。加强机关效能建设，应以党建带创建，以创建促党建，实现党建与效能建设的有机结合。

各部门党组（党委）应把效能建设作为党建的重要内容，及时研究和解决效能建设中的突出问题。机关党组织要充分发挥思想政治工作优势，结合效能建设的实际，开展耐心细致的思想政治工作，及时掌握分析机关党员干部的思想动态，营造良好的工作氛围和共事环境。要通过宣传教育，把机关干部的思想统一到省委、省政府的决策部署上，把机关干部的力量和智慧凝聚到推动经济社会又好又快发展上。机关党员干部都应认识自己在效能建设中担负的重要使命，高标准、严要求，树标杆、争一流，在效能建设中保持先进性、发展先进性，以实际行动带动本处（科）室、本机关效能建设出成果、上台阶。

效能建设是系统工程，必须统筹兼顾，全面推进；效能建设是动态过程，必须与时俱进，循序渐进；效能建设是长期任务，必须常抓不懈，持之以恒。适应系统性、渐进性、长期性的要求来推进效能建设，其一，要上下齐抓。全省各级机关都应立足实际，按照省委、省政府的部署，不断提高自身的服务效能，切实防止和解决效能建设中的"阻隔"和"断层"问题，提高整个社会管理体系的效能。其二，要条块联动。地方单位和垂直管理部门，都应从部门职能和本地实际出发，扎扎实实地开展效能建设，既要完成"规定动作"，又要完成"自选动作"；既要完成系统内的建设任务，又要完成地方党委、政府的效能建设目标。其三，要长短结合。一方面，制定效能建设长期规划，从长远考虑，从大处着眼，使效能建设从"表"向"里"推进，从"叶"向"根"推进；另一方面，以解决机关效能建设存在的热点和难点问题为重点，注重实效，不断提升水平。其四，要软硬结合。一手抓教育，提高宗旨意识和服务水平，使机关工作人员主动适应效能建设要求；一手抓奖惩，通过明察暗访、投诉受理、年度考评等，对效能建设成绩突出的人和事予以奖励，对效能问题严重的人和事加以处理，以奖惩激励的落实推进效能建设的深入开展。

（刊载于安徽省政府发展研究中心《决策》2007年第11期。收入红旗出版社2009年3月出版的《2008年度党的建设与思想政治工作优秀成果汇编》一书。）

加强创新型机关的研究与实践

今年（2006年）以来，市直机关按照市委、市政府的部署和市直创建"三型机关"领导组的安排，围绕"以创新促效能"这个主题，进行理论研究和工作探索，收效较好。现在，我就进一步提高创新型机关研究水平，加快效能建设步伐，谈三点认识。

一、以观念更新为先导，注入和显现机关工作的时代特征

党政机关是我们党执政为民的重要依托，在国家政治生活中处于重要地位。当前，注入和显现机关工作的时代特征，最重要的是以科学发展观为统领，围绕"第一要务"，立足提高服务效能，进一步打造"透明机关""诚信机关""高效机关""规范机关"形象。

深化认识，牢固树立机关工作服从"第一要务"的思想观念。只有服从"第一要务"，才能服务"第一要务"。党政机关党员干部要确立"第一要务"的观念，营造抓"第一要务"的浓厚氛围，聚精会神搞建设，一心一意谋发展。在制定政策、谋划工作、推进改革等方面，都要体现"第一要务"的要求，冲破一切妨碍发展的思想观念，改变一切束缚发展的做法和规定，革除一切影响发展的体

制弊端。

注重实践，为服务"第一要务"提供有力的保证。一是思想保证。充分发挥党的政治优势，大力宣传党的路线方针政策。当前，要把广大党员干部的思想统一到"十一五"规划上来，把智慧和力量凝聚到实现"三大跨越""三个翻番"奋斗目标上来。二是组织保证。进一步加强机关基层党组织建设，努力建设高素质的干部队伍，充分调动广大党员干部的积极性、主动性和创造性。三是作风保证。通过转变作风，使机关工作人员牢记"两个务必"，践行社会主义荣辱观，牢固树立为基层办事、为群众服务的观念，提高办事效率，优化服务质量，全力打造服务型机关。

衡量机关干部的思想观念和机关工作的时代特征，既要重认识，更要重实践；既要注意机关建设本身，更要注重机关工作对经济社会发展的推动作用。概括起来，有三看：一看广大党员干部是否适应"三个代表"重要思想的要求，是否做到"三个解放出来"（自觉地把思想认识从那些不合时宜的观念、做法和体制的束缚中解放出来，从对马克思主义错误的和教条式的理解中解放出来，从主观主义和形而上学的桎梏中解放出来）；二看机关建设是否促进了业务和其他各项工作，做到发展有新思路，改革有新突破，开放有新局面，各项工作有新举措；三看机关各级党组织的战斗堡垒作用和广大党员的先锋模范作用，有没有最大限度地发动起来、调动起来，团结和带领机关干部职工为六安改革发展而努力工作。

二、以知识创新为重点，不断提高机关创新发展的能力

在知识经济时代，解决本领恐慌的有效途径，是不断加强学习，以学习来夯实功底、提高能力。我们开展的"三型机关"（学习型、服务型、创新型）创建活动，是以创建学习型机关为基础的，目的在于提高干部职工的政治素质、理论素质、知识水平和业务能力。

现阶段，衡量一个干部能力的高低，一个重要标志就是看创新发展能力的强弱。而创新发展能力的强弱，取决于知识特别是最新知识、前沿知识积累的多少。我们要把知识型干部作为自己的奋斗目标，加强知识修养，尽快实现由经验型向知识型的转变。要有强烈的危机感，在刻苦学习中实现知识结构的改善和更新。用所掌握的知识理清发展思路、制定发展规划、攻克发展难关，在能力上有新作为、大作为，用所掌握的知识研究新情况、解决新问题，在推进"三大跨越"上创造新成果。

三、以工作创新为突破，大胆探索，务求实效

机关创新，一要明确创新主体，二要明确创新方向。在机关，人人都是创新主体，不论是领导，还是一般干部，都有创新的责任和义务。在机关，处处都有创新潜能。不论是新工作，还是老业务，都有创新的需求，关键是看有没有创新的愿望和能力。当前，应注重三个方面的创新：

一是工作思路的创新。新的工作思路哪里来？来自对上级精神的把握，来自对外地经验的借鉴，来自对基层情况的了解，来自对

工作的不断探索。我们要善于把中央的大政方针和省、市的工作部署，同本系统、本单位的实际情况结合起来，自觉地把自己从事的工作放到整个大局中去思考、去研究。要从改革和建设的实践出发，针对机关建设中出现的新情况、新问题，大胆探索，不懈追求，形成符合客观规律和机关实际的工作思路。

二是工作机制的创新。新的形势迫切需要我们在机关工作中探索更加有效的路子和办法，特别是从创新工作机制上进行探索。六安是年轻的省辖市，与有些省辖市相比，建市时间不同，发展基础不同，工作条件不同。建市七年来，市委、市政府注重建立工作机制，有力地推动了市直机关的制度化、程序化、规范化建设。当前，市直各部门、各单位要以建立保持共产党员先进性长效机制为契机，努力形成比较全面、系统、完整的工作机制，努力形成职责明确、程序严谨、落实有力的工作机制，努力形成横向到边、纵向到底、运转灵活的工作机制。

三是工作方法的创新。机关工作任务重、头绪多、人手少、要求高，我们既要发扬优良传统，又要实现方法创新。创新机关工作，必须坚持马克思主义的方法论。比如，抓重点的方法、抓基层的方法、抓典型的方法、目标管理的方法、分类指导的方法、督促检查的方法等等，这些都是市直机关在工作创新当中要特别重视的方法。

（刊载于 2006 年 9 月 7 日《皖西日报》。此文由中共六安市委办公室收入《2006 年六安市党委系统调研报告集》。）

深入推进"三型机关"创建活动

自 2004 年开展创建学习型、服务型、创新型机关活动以来，市委、市政府高度重视、大力支持，创建领导组精心组织、扎实工作，市直机关和中央、省属驻六安单位积极响应、广泛参与，创建活动逐步深入，成效显著。

回顾三年来的创建工作，体会最深的有五点：第一，市委、市人大常委会、市政府、市政协的高度重视和大力支持，是创建活动取得实效的前提；第二，市直单位积极响应和广泛参与，是创建活动取得实效的基础；第三，紧紧围绕全市工作大局和市委、市政府的工作中心，是创建活动取得实效的根本；第四，领导机关带头、领导干部率先垂范，是创建活动取得实效的关键；第五，建立健全考核评价机制、严格奖惩措施，是创建活动取得实效的保证。这五点体会，不仅是我们总结三年来创建工作中应当充分肯定的，而且是我们当前深入推进创建活动中必须认真坚持的。

去年（2006 年）12 月召开的市委二届六次全会要求，在市直机关继续开展创建学习型、服务型、创新型机关活动。今年大年初八，也就是农历春节后的第一个工作日，市委、市政府主要领导分别就"三型机关"创建活动作了重要批示，为我们深入开展创建"三型机关"活动提出新的要求，也赋予新的动力。它有利于我们在新形势下统一思想认识，解决当前创建"三型机关"活动"要不要深入推进"和"怎样深入推进"两大问题。

目前，有的单位和同志认为，创建"三型机关"活动已经搞得不错了、差不多了，不需要花过多的精力再搞了；有的认为，"三型机关"创建活动就这么维持下去就行了，不需要再深入，不需要向深度和广度进军了；还有的存在厌战情绪，等等。这些认识上的偏差，必然导致思想上的混乱，直接阻碍"三型机关"创建活动的开展。因此，要深入推进"三型机关"创建活动，首要的是进一步提高认识，统一思想。

其一，深入推进创建活动，是进一步加强市直机关建设的必然要求。三年来的创建活动取得了显著成效，市直机关建设得到了普遍加强。但由于各单位的重视程度、推进力度和创建基础不同，创建活动和机关建设很不平衡，特别是机关效能建设还存在一些亟待解决的问题。同时，机关效能建设是系统工程、动态过程和长期任务，不可能一蹴而就、一劳永逸，往往有反复、有回潮，必须常抓不懈，常抓常新。我们要以前一段创建工作为基础，在新的起点上不断加大创新力度，把创建活动推向纵深，逐步建立长效机制。

其二，深入推进创建活动，是进一步加强领导干部作风建设的必然要求。胡锦涛总书记在中央纪委第七次全体会议上提出，要全面加强领导干部思想作风、学风、工作作风、领导作风、生活作风建设，大力倡导八个方面的良好风气。市直机关作为全市政治、经济、文化、社会建设的组织者和管理者，是全市党员和领导干部最集中的地方，毫无疑问，必须把转变作风牢牢抓在手中。深入推进

"三型机关"创建活动，作风建设就是其中重要内容，也是检验创建成效的鲜明标志。在市直机关贯彻落实胡锦涛同志倡导的八个方面良好风气的要求，必须以创建"三型机关"为抓手，把创建"三型机关"与树立良好风气有机结合起来，把创建活动深入持久地开展下去。

其三，深入推进创建活动，是进一步促进我市经济社会发展跨上新台阶的必然要求。市委二届二次全会提出，"十一五"时期要推进六安跨越式发展，实现"三个翻番"和"三大跨越"的战略目标。市委二届六次全会进一步提出，要全力推动经济社会发展跨上新台阶，实现又好又快发展，加速奋力崛起的进程。实现这一宏伟目标，任务非常艰巨，需要方方面面的努力。市直机关在实现这一目标中肩负着重要职责。市直机关效能如何，直接关系到市委、市政府决策部署的贯彻落实，关系到经济社会发展目标的实现。只有深入推进"三型机关"创建活动，才能把机关广大干部职工的思想统一起来，把智慧和力量凝聚起来，才能形成奋发有为的精神状态，保护和调动广大群众的创业激情，营造宽松良好的政务环境和发展环境，促进我市经济社会实现又好又快发展。

我们必须认识到，深入推进"三型机关"创建活动，就是要进一步密切党和政府与人民群众的血肉联系，进一步解决机关效能和发展环境方面存在的问题，进一步树立机关和公务员的良好形象，进一步形成积极进取、勇于拼搏、求真务实、真抓实干的浓厚风气，切实把心思用到加快发展上，把智慧用到工作落实上，把本领用到搞好服务上，把功夫用到建功立业上，将全市上下加快发展的强烈愿望转化为机关干部奋力崛起的生动实践。市直机关一定要站在全局和战略的高度，充分认识深入推进"三型机关"创建活动的重要性、必要性和紧迫性，切实增强做好这项工作的主动性和自觉性，以追求卓越的理念、永不懈怠的精神、一抓到底的决心，把创建活动推向纵深，以创建工作的实际成果赢得民心、加速发展、推动崛起。

深入推进"三型机关"创建活动，不仅要求我们坚持不懈，不搞"一阵风"，而且要求我们注重结合，不搞"单打一"；体现特色，不搞"一刀切"；与时俱进，不搞"一锅煮"。今年初，市直创建领导组两次召开会议，对深入推进"三型机关"创建活动进行认真的研究和安排。1月下旬，市委办公室、市政府办公室发出《关于深入推进市直创建"三型机关"活动的意见》（六办发［2007］3号文件）。《意见》对创建工作提出九个方面的具体要求和措施，并明确今年创建活动的主题是"提高服务效能、优化发展环境"。各单位要从本单位的实际出发，全面贯彻两办《意见》，特别要抓好以下五个着力点：

更新思想观念，增强工作的主动性和创造性

推动经济社会发展跨上新台阶，需要思想的解放和观念的更新。没有思想的跨越，就没有发展的跨越。市委、市政府提出实施东向发展战略，加快融入省会经济圈，观念上的东向和融入是首要的。市委二届六次全会强调，要以科学发展观为统领，准确把握经济发展规律、人类社会发展规律和党的执政规律，克服不合时宜的思想观念和思维定势，努力以创新的思路破解发展中的难题，以创

新的办法解决前进中的矛盾，以创新的实践走出具有六安特色的跨越式发展之路。市直各部门、各单位都要按照这个要求，结合各自实际，认真反思和查找思想观念、行为方式上存在的问题。解放思想，永无止境。要以思想的不断解放和观念的不断更新，切实增强工作的主动性和创造性。机关工作人员都要以食不甘味、寝不安席的责任感，以只争朝夕、时不我待的紧迫感，焕发出对工作和事业的激情，在推进跨越式发展、加速六安崛起中当先锋、作表率。

健全规章制度，提高机关工作效率

制度建设是长效机制的重要组成部分，制度创新是创新型机关的重要标志之一。要适应形势和任务的要求，实现办事提速提效、服务创质创优，重点是要优化工作流程，加快工作节奏，使机关工作环环紧扣，紧张有序。机关工作人员要切实尽职尽责，提高办事效率，能办的事马上办，难办的事设法办，分内的事认真办，分外的事帮助办。提高机关工作效率，关键是要建立健全规章制度，用制度保证效率，用效率体现制度。各单位要认真总结保持共产党员先进性教育和创建"三型机关"活动的成功经验，把它们上升为规章制度。根据合法性、合理性、完整性和公约性的原则，以规范化、标准化、科学化为目标，进一步推行岗位责任、服务承诺、限时办结、首问责任等方面的制度，建立健全失职追究制、否定报备制、窗口部门一次性告知制，形成完善合理的机关制度体系。现在，有些单位的问题，主要还不是没有制度，而是落实不到位。市直单位都要加强对制度落实的监督检查，奖励守制者，严处违制者，使各项制度真正发挥促效强能的作用。

强化服务意识，优化发展环境

各单位要把促进发展环境优化作为创建活动的出发点和落脚点，把转变机关作风、提高服务效能作为创建活动的着力点，进一步增强公仆意识，强化为民用权、为民谋利的主动性；进一步增强大局意识，不折不扣地贯彻落实中央和省、市的各项重大决策和部署；进一步增强发展意识，确立"为纳税人服务"的理念，在优化环境中切实从我做起、从现在做起、从企业和市民的迫切需求做起，更要从经济主体和人民群众不满意的地方和环境改起。要深化行政审批制度改革，按照高效、简洁、方便的原则，简化办事程序，建立合理规范、严密完善的审批管理、运行、监督机制。要深层次推进政务公开，加快建设电子政务，对群众关心、社会关注的项目招标、工程审批、证照办理、行政处罚等机关热点事务，要公开程序、公告标准、公布结果。在工作态度、服务质量、办事时效上，要向群众作出承诺，提高机关工作的透明度、满意度。对年初开展的"发展环境暨政风行风万人评"活动中征求到的意见和日常明察暗访中发现的问题，要及时反馈给有关单位，提出整改措施和要求，限期整改。各单位要继续找准机关服务效能方面存在的突出问题，认真加以整改。要用"三个代表"的尺子量一量，看谁做得好；用老百姓这杆秤去称一称，看谁分量重；用德才绩效的卷子去考一考，看谁得分高。

加强自我教育，提升机关干部素质

市直机关干部职工是创建"三型机关"的主体，要紧密联系工作实际，围绕创建主题，积极投身到创建活动中去，全面提升自身素质。各单位要认真落实《公务员法》和中央、省委、市委有关文件精神，加强机关干部队伍建设，改进和完善能者上、平者让、庸者下的竞争机制，在机关中营造鼓励优秀人才脱颖而出的良好环境。要以丰富多样、行之有效的载体和形式，引导和激励广大机关干部不断提高政治理论素质、职业道德素质、专门业务素质，争创学习型机关，争做学习型干部。要继续以创建"三型机关"和争创"共产党员先锋模范岗"活动为抓手，不断增强广大机关干部的事业心和责任心，进一步形成心齐、气顺、劲足、风正、效高的新局面。要大力开展"和谐效能科室"创建活动，把创建压力传导到机关单位内设机构、传导到每一位工作人员，把创建责任落实到科室负责人。要切实纠正机关工作的缺位、错位、越位等现象，确保职能作用发挥到位，建设人民满意的机关单位，争做人民满意的公务员，全面提高市直机关干部职工整体素质。

合力推动 务求创建实效

"三型机关"创建这项系统工程涉及方方面面，必须形成合力推动的创建格局。要继续实行"一把手"负总责、班子成员分工负责、单位党组织组织实施的创建工作机制。各单位都要建立高规格、强有力的创建工作领导组，根据创建工作需要，调整、充实、加强领导力量，形成一级抓一级、一级对一级负责、上下结合、互促共进、齐抓共管的工作格局。机关基层党组织要把深入推进创建"三型机关"活动作为党的思想、组织、作风和制度建设的有效载体和重要抓手，把创建活动与机关党建工作有机结合起来，以党建带创建，以创建促党建。市直创建领导组及办公室今年仍将采取多种形式，切实加强对各单位创建工作的督查指导，定期通报情况，及时纠正问题，同时，加大考评工作力度，优化考评方案，创新考评方法与方式。要加强对创建工作的分类指导，不断扩大创建活动覆盖面，消除死角。创建基础好的，要在深化提高上下功夫，努力提升创建质量和水平；创建起步晚的，要在补差补缺上下功夫，开展"比学赶超"，尽快迎头赶上；尚未启动的，要在全面跟进上下功夫，学习先进经验，力争后来居上。

在市直继续深入开展创建"三型机关"活动，是市委、市政府的要求，是全市人民的期盼，更是推动经济社会发展跨上新台阶的重要举措。各部门、各单位一定要高标准、严要求，把创建"三型机关"活动向深度和广度推进，力争在自身建设上有新的加强，在服务效能上有新的提高，在优化环境上有新的进展，为实现"三大跨越"、加速六安崛起、构建小康社会，作出新的更大的贡献。

（刊载于 2007 年 4 月 26 日《皖西日报》）

新闻发布篇

提高纪检监察机关应对网络舆情的水平

飞速发展的互联网，深刻影响了经济、政治、文化和社会的发展，促进了信息传播的变革。网络舆情被称为永不停息的"社会雷达"或第四影响力，以其特有的时效性、交互性、存储性和极强的扩散力、渗透力，已经成为社会舆论重要的风向标和放大器。面对网络等新媒体传播速度快、覆盖面广、真实与虚假信息鱼龙混杂的现实，如何提高舆情监测和应对能力，如何善待、善用、善管网络舆论，如何更好地与民众对话，及时化解网民的不满情绪，正确引导网络民意表达，是现实而艰巨的任务。

当前，纪检监察机关要注重提高应对网络舆情的水平。

一、认清网络宣传形势，增强自觉性

反腐倡廉宣传教育工作是党的思想建设的重要方面，是社会主义先进文化建设的重要内容，是从源头上防治腐败的治本之策，是党风廉政建设的一项基础性、长期性的重要工作。党的十八大和十八届中央纪委二次全会对反腐倡廉宣传教育作出新的部署。习近平总书记在十八届中央纪委二次全会上指出，要加强反腐倡廉教育和廉政文化建设，督促领导干部坚定理想信念，保持共产党人的高尚品格和廉洁操守，提高拒腐防变能力，在全社会培育清正廉洁的价值理念，使清风正气得到弘扬。中央纪委、监察部已对今年（2013 年）全国反腐倡廉宣传教育工作提出了具体意见。省委书记张宝顺在省纪委九届三次全会上指出：要切实强化教育监督这一重要保障，对大是大非问题要有坚定立场，对背离党性的言行要有鲜明态度；要坚决执行改进作风各项规定，使党风政风有明显好转，让人民群众感受到实实在在的变化。这些重要部署和要求，为我们进一步做好反腐倡廉网络宣传教育工作指明了方向。

互联网时代，人人都有麦克风，人人都是"记者"，人人都能当编导。网民通过键盘和网络表达意见、反映问题渐使网络"热闹"起来，"表叔""表哥""房妹"等"贪腐网络门"话题已经成为网上独特的"风景"。网上涉腐涉纪舆情频发，舆情信息真假难辨，损害反腐倡廉舆论环境的现象时有发生，借网络敲诈勒索行为不断出现，这些新情况新问题给纪检监察机关的应对处置、舆论引导和网络管控提出了很高的要求。应当指出，我们纪检监察机关的一些干部特别是有的领导干部，应对网络舆情的能力尚有不小的差距，主要表现在：一是认识不足。满足于传统或既有的工作方法和工作模式，不愿意接受来自"虚拟世界"的声音，与其看到或听到不那么"顺眼"的"恶意"攻击，不如不看不听，"眼不见"为净，信奉"沉默是金""真相总有一天会大白于天下""身正不怕影子斜，谣言止于智者"等信条。二是反应不快。省、市、县三级纪检监察机关缺乏网络舆情监控方面的专业人才，舆情监控手段落后，无法及时有效地收集、研判、处置网络舆情，往往给工作带来被动。三是处置不当。由于网络论坛、博客、微信等新媒体的广泛应用，原有的舆论载体、工作格局和传播方式发生了革命性的改变。面对这一新事物不够敏感，对新工具、新手段不够熟悉，表现出对网络宣传的"陌生"和"漠视"，内心怕网络、主观躲网络，"不怕通报，就怕网报"。一旦出现"负面情况"避之不及，喜欢下达"封口令"，想方设法"删帖"，以求"大事化小，小事化了"；有的虽有所回应，但犹抱琵琶半遮面，三言两语，闪烁其词，多数推卸责任；宁愿多干活，不愿发微博，能推就推，能躲就躲。

面对意识形态领域的新挑战，我们必须切实转变作风，更新观念，更加重视网络宣传教育，有针对性地加强反腐倡廉舆论宣传，深入报道反腐倡廉建设的新做法新成效新经验，不断弘扬主流舆论，切实加强网络引导，主动疏导不良情绪，进一步增强干部群众对社会主义核心价值体系的认同、对改革发展的信心、对党委和政府的信任。这样，才能净化网络环境，营造良好的舆论氛围。

二、积极应对网络舆情，增强及时性

应对网络舆情，特别是应对涉腐涉纪的网络舆情，是对各级纪检监察机关适应新形势、处置新情况能力的考验。各级纪检监察机关要切实肩负起加强网上思想舆论阵地建设，掌握网上舆论主导权，加大正面宣传力度，形成积极向上的主流舆论的重要职责，对网上出现的热点议论或突发舆情，要迅速应对，加强疏导，正面引导，努力做到方法妥当，及时高效。

一要敢于应对，快速介入。面对网络舆情，既不能视之为洪水猛兽,有抵触心理,也不能听之任之、缺位失语,而必须积极面对,正视问题,做到矛盾面前不回避,质疑面前不遮掩,指责面前不冲动。"手表哥""微笑哥"及前段时间河北省某县环保局长"水里加把红豆水也红"的网曝事件,都是不敢正视问题、回避问题、反应迟钝、处置不当,结果网上不断发酵,越炒越热,最后引曝问题。因此,我们从事网络舆情工作的同志,必须从思想上高度重视,每天浏览、搜索、监看国内外重点网站,对与涉皖涉腐涉纪的重要舆情信息要及时记录并向分管领导和上级报告;实际工作中加强研究,对网络舆情定期分析研判,积极主动探索网络舆情工作规律和特点;要到主要网站和论坛注册ID,关注论坛讨论热点,遇到有关涉皖涉腐涉纪的论坛话题和帖子及时发帖、跟帖、回帖,绝不能反应迟钝或者拖拖拉拉,导致错失良机或贻误最佳处置时机,努力做到"四个及时",即及时发现、及时报送、及时处置和及时回应,妥善处置好网上热点话题,特别是努力防止重大舆情发生。

二要善于应对,有效回应。第一,要摒弃封堵思想。坚持以开放的胸怀、开明的姿态、阳光的心态面对新兴媒体、面对公众,以对媒体和网友的尊重和诚恳赢得理解和支持。要按照从"哪里来"到"哪里去"的思路,积极适应网络新媒体,加强网上沟通,确保新闻和信息的权威性和一致性,最大限度地压缩小道消息、虚假信息,变被动为主动,先入为主,确保更准、更快、更好地引导舆情。第二,要学会利用舆情"预警器"。网络既是信息收集和发布的快车道,又是舆论监督的重要平台。通过网络舆情,可以把握真实情况、了解政之所失;通过网络舆情,可以看到干部工作和作风方面的问题与不足,可以发现一些有价值的案源。是否乐于关注网络舆情，不仅反映了一个领导干部坚定的党性，更体现了一种清醒、一种智慧、一种自信、一种能力。回避或抵抗网络是浪费宣传资料和错失展示形象的良机。第三，要回应虚假信息。网络舆情由于人员的隐蔽性和信息发布的随意性，信息真假难辨，致使一些单位、部门或个人容易成为不准确信息或舆情的受害者。维护党委政府形象、保护干部也是纪检监察机关的重要职责，要敢于纠正不良行为，敢于运用法律手段，避免网上鱼龙混杂，迷惑百姓，影响权威，决不让别有用心的人把网络当作宣泄情绪、发泄私愤的工具，更不能让不法分子把网络当作反党、反政府、反人民的阵地。

三要准确研判，妥善处置。舆情工作的重要职责，主要有三个方面：第一，是尽可能地提供全面、准确、翔实的信息，为妥善处置提供研判、决策依据。这是舆情应对处置工作基础，事关网络危机事件解决的成败。第二，要抢占舆论先机，用好网络"麦克风"，打开网上减压阀。谣言止于公开，列宁说过："只有当群众知道一切，能判断一切，并自觉地从事一切的时候，国家才有力量。"面对网络舆情，要有政治敏感性，要迅速核清事实，拟定对外发布口径，在第一时间发布信息，不能等有了最终结果再反馈；要先说事实，慎说原因；要边处理边报道，不断跟进发布，增强对网络舆情把握能力和引导能力，抢占引导主动和先机，及时给网上舆论减压，努力做到"止之于始萌，绝之于未形"。引导网络舆论，要由新闻发言人或网络评论员把话说出来，避免把领导特别是主要领导直接推到前台，以保留更大的回旋余地。第三，要恰当稳妥。涉腐涉纪网络舆情涉及面宽、影响力大，面对着无数网民的高度关注和挑剔，甚至挟持，处置不当极易在网民中引起强烈反响，甚至群起而攻之，给工作带来被动，影响党委、政府的形象和公信力。因此，必须以维护大局为前提，以公开公正为原则，以依法处置为根本，认真分析研判，不受网络舆论暴力的挟持，有效控制和消除负面影响，保证舆情事件的妥善处置。

三、切实采取得力措施，增强有效性

新形势下，互联网已经成为反腐倡廉建设的重要阵地。我们必须把网络舆情信息工作作为党风廉政建设和反腐败斗争的一项重要内容，不断创新工作机制和载体，积极构建切合安徽实际、具有安徽特色的舆情监控管理机制，牢牢把握网上反腐倡廉的主导权、话语权和掌控权。

一是要加强组织领导，为做好网络舆情工作提供组织保障。对日常工作要加强监督检查，对重要时期、重大网络舆情要领导挂帅，整体把握，提前分析可能产生的影响，研判舆情热点，建立应对处置预案。如在一些重要会议、重大案件通报前，适时下发舆情需求和舆情提示，通过网络媒体发布一些铺垫性的新闻和消息；情况通报后，密切关注网上动态，全面深入地收集、研判舆情。同时，要加强对网络评论工作的组织指导，确定引导主基调，明确引导要求，保证网络评论有的放矢。网络评论工作必须自上而下，统筹协调，步调一致，形成合力，针对我省党风廉政建设和反腐败斗争重点工作、重要成果，开展有力宣传和评论，汇集正能量，放大正声音。

二是要健全制度机制，为做好网络舆情工作提供制度保障。各级要成立网络舆情工作领导组织，加强对本地本单位网络舆情工作

的领导；要明确监测重点和范围，拓宽监看收集渠道，健全工作机制；要不断完善考核办法，包括对单位和个人的考核，把网络舆情工作纳入上级对下级宣传教育工作总体目标进行考核；要创新工作载体。要进一步推进纪检监察官方微博试点工作，注重通过门户网站、论坛、网络社区、微博、微信等载体及时发布我省反腐倡廉信息，回应社会关切，弘扬廉政文化，引导网民参与讨论，有效引导反腐倡廉网络舆论。

三要加强队伍建设，为做好网络舆情工作提供人才支撑。 第一，选好人才。各单位要将政治素质好、具有一定理论功底和文字基础、熟练掌握网络媒体应用技术的干部选拔推荐到网络舆情工作岗位；要加强与专家学者、外宣部门和舆情研究机构的沟通联系，引入"特约评论员"，形成纪检监察机关、党政机关、高校科研单位、媒体等各种力量广泛参与的"外援"人才，变"独奏"为"协奏"，做到"关键时刻有人上、热点话题有人引、重要阵地有人守"。第二，保证队伍稳定。要根据人员变化随时补充新鲜力量，既要保证一定的人员规模，又要保证人员的质量，特别是优秀的网评员，只要没离开纪检监察系统，不论职务和工作部门如何变动，仍要兼任；从网评员队伍中，选择工作能力强的网评员，培养自己系统的"意见领袖"，对不热爱网络舆情工作，工作能力差，网络舆情不敏感、长期不报送网络评论的信息员和网评员要及时更换。第三，抓好队伍培训。要采取不同形式，加强网络信息工作人员的教育和培训，增强政治敏锐性、思想前瞻性和工作科学性，完善分级培训制，以辅导讲座、经验介绍、座谈交流等形式统一思想、提高认识、部署任务、提高能力；对优秀舆情工作经验、网络评论文章、"意见领袖"的观点等，通过网络、内部 QQ 群、安徽纪检监察网和《江淮风纪》杂志及时发布，互相学习，共同提高。

（本文摘自 2013 年 4 月 25 日在全省纪检监察系统网络舆情信息工作培训班上的讲话。作者时任中共安徽省纪委常委、秘书长，省纪委新闻发言人。）

纪检监察机关要说好网络话办好网上事

近年来，以计算机和手机等数字终端为代表的网络新媒体迅猛发展，这既为党风廉政建设和反腐败工作提供了重要机遇，也给纪检监察工作带来了严峻挑战，提出了更高要求。如何有效掌控网络舆情，加强网络宣传引导，是纪检监察机关面临的新课题。

一、要学会在网络上说话

互联网以其特有的时效性、交互性、存储性和极强的扩散力、渗透力，已经成为社会舆论重要的风向标和放大器。纪检监察机关必须适应这种形势，学会在网络上说话。

（一）主动发声，解决好"说不说"的问题

在新媒体时代，传播力决定影响力，话语权决定主导权，时效性决定有效性，透明度决定公信度。纪检监察机关必须改变长期以来那种多做少说、只做不说的习惯，重视在网络上说话，善于在网络上主动发声，有的需要边做边说，有的需要未做先说。要以更加开放、自信的姿态运用媒体，引导舆论，主动通过互联网察民情、

集民智、疏民意、解民惑，由"恐惧"变为"接纳"，由"漠视"变为"重视"，由"不管不问"变为"主动运用"。

当然，"主动发声"也是当说则说，不该说的不能乱说。要善用媒体，不要跟互联网"掰手腕"。

（二）把握导向，解决好"说什么"的问题

舆论导向对宣传工作犹如汽车的方向盘，适时引导热点，化解难点，是引导公众思考方向、化解社会矛盾、构建和谐社会的关键所在。纪检监察机关要加强党风廉政建设和反腐败工作政策理论网上宣传，用科学理论武装干部群众的头脑。要根据形势需要，策划有分量、有深度、有影响的报道，用基层群众和网友耳熟能详的语言、喜闻乐见的声像，宣传好、解读好有关政策，避免网民误读。要按照及时准确、公开透明、有序开放、有效管理、正确引导的原则做好突发事件新闻发布，及时回应社会关切，抢占舆论先机，赢得舆论主动，为妥善处理网络突发事件提供舆论支持。

纪检监察机关在网上"说什么"，至关重要。要说经过充分准备的话，围绕"我们要说的""媒体关注的""公众关心的"话题认真备课。要说有实质性内容的话，每句话都应该争取被媒体认为是有价值的，切忌谎话、假话，力避官话、套话和永远正确的废话。

（三）不失时机，解决好"何时说"的问题

我们必须熟知网络热点事件的形成和传播规律，掌握、运用信息发布的规律和经验，第一时间发布权威信息，努力做到"四个及时"，即及时发现、及时报送、及时处置和及时回应，妥善处置好网上热点话题，绝不能反应迟钝或者拖拖拉拉，贻误最佳处置时机。对于涉腐涉纪等重大负面舆情，按照快核严查的要求，做到"五个第一"，即第一时间发现、第一时间介入、第一时间核实、第一时间查处、第一时间反馈，力争把问题解决在萌芽状态，把影响消除在最低程度。

当然，解决"何时说"的问题，需要我们处理好信息需求及时性与事件调查过程性的矛盾，应在第二时间说的话不能在第一时间说。

（四）提升水平，解决好"如何说"的问题

在网上说话，要尊重网民，主动公开，不躲不闪，不遮不掩，在这方面不能形成网上"破窗理论"。在方法上，要主动讲，主动提供信息，主动喂料；要准确讲，不要轻易给事件定性，讲究方法策略；要反复讲，跟进报道、持续发布，事件处理到哪里信息发布就跟进到哪里；要把握度，谋划好在哪些平台发、在什么位置发、摆放多长时间；要制作标题，抓住网民心理，策划选好角度，突出核心要素，避免空话套话。在方式上，要多手并举，综合运用。可以通过网络媒体、官方微博新闻发布，第一时间占领网上阵地；可以通过在线访谈，在"点对点""面对面"中解疑释惑；可以通过传统媒体报道，增强信息发布的权威性；可以通过论坛、博客帖文，侧面回应、迂回反击；还可以通过网络评论，跟帖、发帖、撰写评论文章。在开展网络舆论引导过程中，要积极引入社会主流意见，适时引入媒体及专家学者的意见。通过专业的见解，释疑解惑、澄清是非，增强权威性和指导性。

二、要重视在网络上办事

党风廉政宣传教育工作是党的思想建设的重要方面，是社会主义先进文化建设的重要内容，是党风廉政建设的一项基础性、长期性的重要工作。发挥好网络的作用，积极主动应对意识形态领域的新挑战，不仅能有效净化网络环境，而且能充分发挥网络在纪检监察工作中的正能量。

（一）发挥网络宣传教育的阵地作用

各级纪检监察机关要按照"转职能、转方式、转作风"要求，着力提高处置新情况的能力，切实肩负起加强网上思想舆论阵地建设的重任，形成积极向上的主流舆论。一要大力宣传党的路线方针政策，及时报道党风廉政建设和反腐败工作部署、有效做法和取得的成效，主动回应人民群众对党风廉政建设和反腐败斗争的关切。二要确保新闻和信息的权威性和一致性，最大限度地压缩小道消息、虚假信息的生存空间，驱散网络"雾霾"，变被动为主动，先入为主，确保更准、更快、更好地引导舆情。三要纠正虚假信息。网络由于人员的隐蔽性和信息发布的随意性，信息真假难辨，致使一些单位、部门或个人容易成为不准确信息或舆情的受害者。维护党委政府形象、保护干部也是纪检监察机关的重要职责，敢于运用法律手段，纠正不良行为，决不让别有用心的人把网络当作宣泄情绪、发泄私愤的工具，更不能让不法分子把网络当作反党、反政府、反人民的阵地。四要加强队伍建设。要注意把政治素质好、具有一定理论功底和文字基础、熟练业务和网络知识的干部选拔推荐到网络舆情信息和宣传工作岗位上。要加强与专家学者、外宣部门和舆情研究机构的沟通联系，建立由各种力量广泛参与的"外援"队伍，变"独奏"为"协奏"，做到"关键时刻有人上、热点话题有人引、重要阵地有人守"。

（二）发挥网络展示工作的窗口作用

中国目前庞大的网民数量，使得任何消息在网络上传播的速度和社会影响力都远远超过了报纸、电视、电台等传统的宣传方式，网络已成为一种新的最大众化的传播媒体。它的开放性，可用"超链接"的方式将各方面信息收为己有；它的互动性，使"网上无国界"；它的时效性，使新闻几乎没有时间差；它的简易性，带来了应用的广泛性。中央纪委监察部网站通过在线访谈、案件曝光、专题举报直通车、每周通报等栏目，及时公布全国各地党风廉政建设和反腐败斗争的最新动态、最新成果。让纪检监察机关从幕后走向前台，向媒体开放，向社会开放，推进纪检监察工作公开化、透明化，从而赢得了党风廉政宣传的主动权，聚集了社会正能量。地方各级纪检监察机关要以中央纪委监察部网站为榜样，尽快建立健全网络舆情信息和网络宣传工作管理制度，并抓好制度的落实，做到守土有责、守土尽责。

（三）发挥网络联系群众的桥梁作用

充分利用网络开展群众工作，是社会进步和经济社会发展的必然要求。纪检监察工作离不开群众的支持，在全社会营造党风廉政的氛围必须依靠网络。我们不仅要将舆论引导工作纳入常态社会管理，将敏感热点作为重要信号风险评估，将网络意见和监督作为监督执纪问责的资源，而且要将网络舆论作为面对面的新型群众工作。一要摒弃怕网心态。坚持以开放的胸怀、开明的姿态、阳光的举措面对新兴媒体、面对公众，以对媒体和网友的尊重和诚恳赢得理解和支持。要按照从"哪里来"到"哪里去"的思路，积极适应网络新媒体，加强网上沟通。二要学会利用舆情"预警器"。网络既是信息收集和发布的快车道，又是舆论监督的重要平台。通过网络舆情，可以把握真实情况、了解政之所失；通过网络舆情，也可以看到党员干部工作作风、生活作风等方面的问题与不足；通过网络舆情，还可以发现一些有价值的案件线索。是否乐于关注网络舆情，体现出一种清醒、一种智慧、一种自信、一种能力，更是践行群众路线的有效途径。回避或抵抗网络，将会浪费宣传资源，错失履行职责的良机。

（四）发挥网络投诉举报的平台作用

从网络监督问世之日起，这一新的监督形式就表现出特有的新鲜活力和巨大威力。近年来惩处的腐败分子，有一些就是通过网络举报及时被执纪执法机关锁定而查处的。中央纪委监察部网站为便于人民群众反映党员干部"四风"方面的问题，专门开通纠正"四风"监督举报直通车；中央纪委和各省纪委都开通了12388举报网站，增加了群众举报渠道。这些都充分体现了纪检监察机关为民务实的作风，赢得人民群众支持和拥护，也增强了纪律的震慑力。当前，我们一方面要加强宣传引导，提高网络信访举报的针对性和准确率；另一方面，要规范信访工作机制，做到"反应快速、回应准确、反馈可信"。

（刊载于中央纪委《党风廉政建设》2014 年第 6 期）

以改革创新精神推进纪检监察新闻发布工作

新闻发布工作是宣教工作的重要手段。当前反腐败斗争形势依然严峻复杂，宣传工作面临多重挑战，新闻发布和舆论应对引导的任务十分艰巨。我们要以改革创新精神积极推进纪检监察新闻发布工作，为深入推进党风廉政建设和反腐败斗争聚集正能量，创造良好的舆论环境。

以主动的姿态、担当的勇气推进新闻发布工作

由于种种原因，纪检监察机关和纪检监察工作一向比较神秘。党的十八大特别是十八届三中全会以来，中央纪委深入推进党的纪律检查体制改革，在原有宣教室基础上组建了宣传部，切实转变宣传方式，主动发布消息，敢于发声曝光，以更加开放透明的姿态展现在大众面前，收到非常好的效果，同时还树立了纪检监察机关良好的形象。不久前，省纪委第二轮内设机构调整完毕，正式设立宣传部，说明党风廉政宣传工作的重要性。我们要按照"三转"工作要求，切实转变观念，积极主动开展新闻发布工作，努力在新的舆论传播格局中把握话语权、赢得主导权，树立和展示纪检监察机关

开明开放、主动担当的良好形象，以更加自信、更加主动的姿态运用媒体、引导舆论。要公开透明，及时、全面、准确地发布我省纪检监察工作成效和经验。要敢于发声，积极回应涉纪涉腐突发舆情，做到"重大问题不缺位、关键时刻不失语"。在应对热点敏感问题和突发事件时，要通过新闻发布会、新闻报道、网站等多种形式及时、准确地发布权威信息，澄清各种误解、谣言，消除不实或歪曲报道的影响，保障突发事件的及时应对和妥善处置。

以周密的安排、高效的应对推进新闻发布工作

当前，纪检监察宣传工作任务十分繁重，既要及时宣传中央纪委和省委省政府关于党风廉政建设和反腐败斗争的重大决策部署及取得的成效，充分展现我们党坚定不移地改进作风、坚定不移地惩治腐败的决心，又要及时回应人民群众的呼声和关切，积极引导社会舆论。同时，广大人民群众对于党风廉政建设和反腐败斗争的期望值越来越高，参与意识越来越强，这就对我们的新闻发布工作提出了更高的要求。

推进新闻发布工作，要注意抓好以下三个环节：

一是"策划"环节。要充分认识建立新闻发言人制度的重要意义，把纪检监察新闻发布工作纳入全局工作中，摆上重要议事日程。主要负责同志要亲自过问，提出明确要求，对发布的内容作出充分授权；分管负责同志要切实负起责任，认真抓好这项工作。要以党委政府关心、新闻媒体关注、社会公众关切为契合点，紧紧围绕党风廉政建设和反腐败中心工作，涉及群众切身利益、社会关注的热

点焦点问题，认真策划和选择新闻发布主题、内容、时机和形式。针对社会转型期社会舆论呈现出的多样化、分散化和复杂化特点，以及不同时期的重点工作和预期目标选择受众对象，有计划有步骤地发布新闻，表明立场，聚合观点，努力营造全社会共同参与反腐的良好氛围。要制定完善新闻发布《工作流程图》，从发布方案、工作通报、新闻通稿到会务组织、舆情跟踪和信息反馈等各个环节都要明确分工、明确要求，落实到人、具体到事，确保发布会的组织过程科学有序，不断提高发布工作的规范化和精细化水平。要总结评估每一场新闻发布会和每一次新闻发布的实际效果是否符合预期，吃透社会舆情，增强引导社会舆论的预见力，不断提高新闻发布计划的前瞻性和科学性。

二是"应对"环节。做好突发事件的新闻发布和舆论引导，是当前纪检监察新闻发布工作的一个重点，也是一个难点。要制定涉腐涉纪突发舆情事件新闻发布应急预案，进一步明确突发事件新闻发布和舆论引导工作的职责分工。加强对社会热点敏感问题，特别是涉腐突发公共事件、信访事件和不正之风引发的群体性事件舆情信息的监测、收集和处置工作，统一应答口径库，及时、准确、有效地开展好新闻发布工作，客观公布事件进展、工作措施和调查处理等情况，批驳谣言，消除不实或歪曲报道的影响，加强舆论引导。

三是"互动"环节。要坚持互动发布，不断提高纪检监察新闻发布的吸引力、影响力和感染力。正因为当前社会各界对党风廉政建设和反腐败工作的关注度越来越高，参与意识越来越强，各级纪检监察机关不能把新闻发布简化为单向的新闻通报会或新闻通气会，而应在新闻发布会中穿插参与、互动内容，设置媒体提问环节，积极回应媒体和社会关注的问题，在双向互动中阐述立场，表明观点，传递信息，达到最佳的宣传效果。

当然，这里讲的"互动"，不只是新闻发布的互动，我们还要注重平时与媒体、与网友的互动。就是说，既要做好"面对面"的互动，又要做好"键对键"的互动。纪检监察机关转方式，要求及时有效回应公众关切。我们要让及时有效回应公众关切成为常态。

以优秀的队伍、良好的环境推进新闻发布工作

各级纪检监察机关要高度重视新闻发言人队伍建设，挑选政治坚定、熟悉政策、了解业务、具备一定新闻工作经验和较强沟通表达能力的同志担任新闻发言人。将新闻发布和舆论引导等业务知识纳入纪检监察干部培训计划，对纪检监察系统领导干部、新闻发言人及其他干部开展多层面、多形式的培训，不断提高他们应对媒体、引导舆论的能力。

各级纪检监察机关新闻发言人要加强学习，在实践中总结经验，在实践中提升水平。

各级纪检监察机关要为新闻发言人及工作团队提供必要的工作条件，确保他们能够及时了解重要法规政策、重要决策部署、重大活动安排等情况，保证发布信息的权威性和准确性。要为新闻发言人锻炼成长提供相对宽松的工作环境，对遇到的问题和困难及时给予帮助，对工作中存在的问题及时予以纠正。

（摘自 2014 年 7 月 23 日在全省纪检监察系统首次新闻发言人培

训班上的专题报告）

链接：

2011 年 10 月—2014 年 7 月安徽省纪检监察新闻发布工作概况

2011 年 10 月省第九次党代会后，全省纪检监察新闻发布工作有序展开。各级纪检监察机关在健全制度、拓展渠道、丰富形式等方面作了有益的探索，主动发布党风廉政建设和反腐败斗争信息，及时回应社会关切，营造了良好的社会舆论氛围。

一是及时主动发布新闻。全省市以上纪检监察机关共举办各种类型的新闻发布会 77 场，其中省纪委监察厅 5 场。省纪委监察厅举办的新闻发布会，来自中央驻皖、省内外以及香港文汇报、大公报等境内外数十家媒体积极参加，并及时报道，社会反响较好。在新闻发布中，坚持做到"三个围绕"。其一，围绕中心工作开展新闻发布，如贯彻落实中央"八项规定"、查办案件、廉政风险防控等，并曝光了一批典型案件，引起各界广泛关注；其二，围绕社会关注的热点开展新闻发布，及时发布胡学凡、江山等大案要案的查办信息，极大地压缩了负面信息的炒作空间，较好地引导了社会舆论；其三，围绕涉腐涉纪突发舆情开展新闻发布，如"合肥房叔"方广云非法侵占拆迁安置房、庐江官员身陷不雅照、媒体围观淮南市一举报人"直奔"中纪委等数十起突发舆情，均在第一时间发布权威信息、公布处理结果，有效遏止了网络舆情进一步发酵升级。

二是发挥主流媒体的作用。省纪委监察厅通过《中国纪检监察报》《中国监察》《安徽日报》、安徽广播电台、安徽电视台等主流媒体和中央纪委监察部网站、省纪委监察厅网站，共发布各类新闻信息8000余条。其中，保持党的纯洁性主题教育实践活动、廉政风险防控、"三转"等重点工作，均在《中国纪检监察报》《安徽日报》头版大篇幅报道。为适应纪检监察新闻发布新形势新要求，省纪委监察厅对安徽纪检监察网站进行升级改版，于2013年12月24日正式上线运行。升级改版后的网站，注重加大新闻发布力度，设置曝光台和新闻发布专栏，加快更新频率，及时发布权威信息，对中央和我省关于反腐倡廉的重要工作部署、重要活动，以及各级纪检监察机关党风廉政建设和反腐败工作成果、典型经验等，通过文字、图片、视频等多种形式进行多角度、立体式报道；对反腐倡廉重点新闻和群众关注的热点，除在"纪检要闻"发布外，还通过"热点新闻"以及专题专栏等作深度报道。

三是举办"开放日"活动。2013年底，省纪委监察厅举办了首个"开放日"活动，省党代会代表、省人大代表、省政协委员，省纪委党风党纪监督员、省监察厅特邀监察员，基层党员群众和新闻媒体等方面的代表40余人，应邀走进省纪委监察厅机关，分组参观考察了部分办公室，并与工作人员现场互动，直接询问自己所关心的问题。来宾们通过近距离了解基本情况，消除了纪检监察机关的神秘感，进一步扩大了党风廉政建设和反腐败工作的宣传。国内及香港的主流新闻网站、商业网站对此作了报道，形成了较好的舆论氛围。

四是积极引导社会舆论。建立网络舆情应急处置机制；加强与网管、公安等部门的沟通联系，形成涉腐涉纪网络舆情信息监测机制；健全省、市、县三级和省直、高校、企业的反腐倡廉网络信息员队伍。在每年的省纪委全会、重要案件公布前，省纪委监察厅都专门研究舆论引导方案，准备答问口径，组织网评文章，积极引导社会舆论。三年来，全省各级纪检监察网评员累计在人民网、新华网、中安在线、安徽纪检监察网等重点网站网页发表评论和跟帖23000 余条（篇）。各市、县（市、区）纪委也在重要的时间节点，组织网评文章，有效引导舆论。

五是加强制度和队伍建设。2012 年，省纪委监察厅发出《关于进一步加强全省纪检监察系统新闻发布工作的意见》，就纪检监察系统新闻发布的任务、内容、形式、管理体制以及队伍建设等，提出具体的实施意见。2013 年 6 月底前，全省 16 个省辖市 105 个县（市、区）纪委、监察局，省直纪工委、省教育纪工委、省国资委纪委全部建立新闻发言人制度，初步形成全省纪检监察系统新闻发布联动机制。2014 年 7 月，省纪委监察厅举办全省纪检监察系统首次新闻发言人培训班，进一步推进新闻发布工作。

纪检监察新闻发布工作的几点感悟

　　王岐山同志在调研中央纪委监察部网站建设时曾强调，纪检监察机关要及时发布权威信息，让群众了解党风廉政建设和反腐败工作新思路、新进展、新成效，要积极主动应对和引导舆论，重要舆情要早发现、早报告、早处置。在当前纪检监察机关推进"转职能、转方式、转作风"的大背景下，如何主动运用传统和新兴媒体，做好纪检监察新闻发布工作，这里谈几点感悟。

一、既不要有话不说，又不要无话乱说

　　从新闻发布的角度来看，有话不说，就是"缺位"，就是"失语"。一段时间以来，我们习惯于作正面舆论引导，多说好的，少说甚至不说负面的，对于一些敏感问题或突发事件，不到万不得已一般不说。纪检监察机关尤其如此，形成了多做少说甚至只做不说的惯性思维。但是，随着新媒体迅猛发展，党风廉政建设和反腐败斗争的舆论环境发生了重大变化，以往一些做法已经不适应现在的要求。尤其是一些网络舆情突发事件，纪检监察机关如果不能迅速跟进，以最快速度占据舆论制高点，及时发布权威信息，就可能酿

成重大事件，给工作带来被动，甚至直接损害党和政府的形象。

党的十八大以来，新一届中央纪委加大公开透明力度，主动向媒体开放，敢于发声，做到有话就说，而且是第一时间说，到中央电视台说，到网络直播间说，甚至与网民直接对话，在很大程度上改变了纪检监察机关的形象，增强了全社会赢得反腐败斗争胜利的信心。近年来，安徽省纪委加大新闻发布工作力度，先后围绕廉政风险防控、作风建设、查办案件等社会关注的热点问题，举办5次新闻发布会，起到了较好的宣传效果。今年（2014年），我们通过新改版的省纪委监察厅网站，加强新闻发布力度，及时发布案件查办信息和违反中央八项规定、省委三十条规定精神的典型案例。新华网、人民网等主流媒体及安徽日报等省级媒体都第一时间引用发布的信息，网站访问量也大幅上升，省纪委新闻发布的影响力、引导力不断增强。

纪检监察机关新闻发布是十分严肃的政治任务，"有话不说"不行，"无话乱说"更不行。我们不能纯粹地为了增加影响力无话乱说，也不能为了博人眼球而乱说，更不能不了解实际情况而乱说。在开展新闻发布工作时，新闻发言人经常会遇到一些超出授权范围、事先没有准备或情况不太了解的问题，或者是比较尖锐不大好回答的问题。这时候新闻发言人的一举一动、一言一行都会十分引人关注，稍微不注意就可能被人抓住把柄，稍有破绽都可能成为报道的焦点。作为一名合格的新闻发言人，要有良好的心理素质，冷静对待，沉着应付。面对这样的情况，要么少说，要么不说，切不可勉强说，更不能乱说。

二、既不要自说自话，又不要只说"他话"

新闻发布工作从字面上看，是通过新闻媒体，单向地发布、传递新闻信息。但在实际操作过程中，特别是新闻发布事先准备过程中，切忌闭门造车、自说自话，"剃头挑子一头热"，光顾自己发布，不管媒体感受和社会反应。要结合发布目的和要求，根据媒体的特点，有针对性地开展新闻发布。在内容上，既要选择我们需要发布的新闻信息，也要选择社会和媒体比较关注的热点问题；既要说我们要讲的话，表达我们的意见，也要说媒体、公众想了解、想知道的内容。在形式上，既要有单向的发布，也要有双向的互动；既要善于阐述观点，也要善于引导舆论。在语言上，既要精练规范、准确传递，又要生动活泼、通俗易懂，尽量避免发布者慷慨激昂，媒体和公众一头雾水；既要保持一定官方的语言风格，又要尽量避免官话、套话、虚话和永远正确的废话，做到言之有物、言之有据、言之有理。突发事件的新闻发布，要正面回应媒体和公众关注的热点和焦点问题，不能遮遮掩掩。

在避免自说自话的同时，又不能为了一味追求新闻效应走向另外一个极端——只说"他话"：讨好媒体，只挑媒体感兴趣的，只说媒体想听的，忽略了自己发布的意图和目的。要以我为主，有理有节，双向互动，各得其所。

三、既不要滞后反应，又不要过度反应

新闻发布滞后，会给突发敏感事件带来更大的不确定因素，也

会提高善后处理的成本。当前，反腐败问题是社会普遍关注和舆论比较集中的主题，也是群众关注的焦点、网络炒作的热点。随着反腐败斗争不断深入，网络举报、网络炒作、网络曝光等涉腐涉纪突发舆情也不断增加。互联网和新兴媒体出现之后，传统舆情处置的"黄金 24 小时"定律，早已改成"黄金 4 小时"，甚至"黄金 1 小时"。对此，我们一些地方却反应滞后，既不能及时掌握舆情动态，又不能及时掌握基本情况，反应不灵敏，决心不果断，应对不及时。各级纪检监察机关都要充分认识当前反腐败面临的新形势，一要认真分析网络舆情，对网络舆论作客观、准确的分析和评估，既要重视，把它作为体察社会情绪的"晴雨表"，又不能盲目地把网上声音当成社会主流舆情，不应该被网络舆论牵着鼻子走。二要加强应急能力建设，建立健全舆情信息监测、收集和报送机制，加强新闻发布工作和新闻发布团队建设，不断提高舆情应对的及时性、有效性。三要加强公共危机管理和突发事件处置的教育培训，提高各级领导干部应急能力和应急水平，确保纪检监察机关在新闻舆论战争中取得胜利。

过度反应，也是新闻发布中应避免的问题。面对突发舆情事件，我们既不能麻木不仁、置之不理，也不能惊惶失措、手忙脚乱。要全面、冷静、客观地对待突发舆情事件，按照"战略上藐视，战术上重视"的原则，认真分析事件起源，掌握主要媒体及网络传播情况和主要观点，研究其散播、集聚、热议、流行各个阶段的情况和特点，立足纪检监察机关自身职能和事件本身情况，有针对性地制定处置和应对措施，必要时根据舆情事件的发展规律和可能出现的情况，制订预案，分阶段进行处置，做到依法、依规处理，有理、有据应对。

四、既不要被动应战，又不要仓促上阵

"不打无准备之仗"，是新闻发布工作的首要原则；把握主动权，是新闻发布的基本要求。我们必须做好充分的准备，尽可能避免被动应战。要建立健全纪检监察系统新闻发言人制度，选择具有较强的政治素质、较高的理论政策水平和较好的语言表达能力，熟悉纪检监察业务和网络知识，并具备一定的新闻宣传工作经验的同志担任新闻发言人。要组建新闻发布工作团队，有健全的舆情监督、收集、报送机制，认真做好舆情收集分析研判、舆论引导和议程策划设置、新闻发布口径准备、发布现场掌控、媒体报道组织和新闻发布效果评估等方面工作，尽可能在第一时间掌握舆情发展动向。

对于一些突发事件的新闻发布，要避免仓促上阵的情况。在新闻发布前要准备好文稿的起草、答问口径等，特别是对于新闻发布之后的舆论反应要作出充分的预计，必要时作出应对预案；作为新闻发言人，事先要尽可能掌握事情的前因后果和整体情况，做到心中有数，条件许可时还可以进行模拟演练。在新闻发布中，要充分发挥团队作用，必要时可邀请相关专家一道出席发布现场，起到互补的作用。在不允许充分准备的情况下，要熟练运用发布会技巧。如：快速反应，与谣言和流言抢时间；真实、坦诚，勇于承担责任，不推三阻四；直面问题、不绕圈子，不避重就轻；讲真话，知之为知之，不知为不知，真话要讲准确；快讲事实、多讲态度、慎讲原因，多讲措施、多讲过程、慎讲结论等等。此外，还可以综合运用

新闻发布会、新闻通气会、背景吹风会、组织集体采访、互联网访谈、接受媒体专访、答复电话问询、发布新闻通稿等形式，采用滚动发布、循环发布、联合发布等措施，广泛利用电视广播、报纸以及政务微博、手机短信、门户网站等传统和新兴媒体，以尽可能抢占舆论高地，不给流言和谣言以可乘之机。

五、既不要让组织代过，又不要为个人背书

不让组织代过，就要求我们在新闻发布工作中积极主动、勇于担当、及时准确，抢占舆论制高点，从而较好地引导舆论，平息事件。因为新闻发布工作不主动、不及时或不准确，从而导致舆论事件升级，受伤害的不仅仅是当事人和社会，还包括党和政府的公信力。特别是重大公共危机事件，新闻发布滞后，处置不力，最终都是党和政府用自己的公信力在买单，是组织代过。

同时，我们也要清楚，新闻发言人是一个单位或一个组织的新闻发言人，代表的是一级组织或一个单位，不能为哪个个人或哪个领导辩解、背书。为个人背书，不仅会扰乱新闻发布秩序，混淆公众视听，给工作带来被动，更会严重损害党和政府新闻发布的严肃性、准确性，从而影响到党和政府公信力和权威性。作为新闻发言人，要保持清醒的头脑，明了自身的责任界限，避免越界行使新闻发言人权力，为自己、为单位带来负面影响。

（刊载于中共安徽省纪委《江淮风纪》2014 年第 9 期）

秘书长与办公室主任篇

秘书长要当好"参谋长"

作为秘书长，肩负着参与政务、管理事务的重要职责。而在政、事两大职责中，谋划全局，为领导决策当好"参谋长"，则是秘书长的第一职责。这是因为，就职权来说，秘书长在决策上是配角，在参谋上是主角。

当好"参谋长"，这是对秘书长重要职责的形象说法，是秘书长职责的内在要求。因此，看一名秘书长是否合格、称职，首要的、重要的是看他对领导决策及其落实工作的参与程度和谋划程度，是否参到关键处、谋到点子上，是否出大主意、当大参谋。

当好实践"三个代表"的"参谋长"

"三个代表"重要思想是我们党的立党之本、执政之基、力量之源，是我们做好各项工作的强大思想武器。努力实践"三个代表"重要思想，也是我们秘书长工作的根本。任何时候、任何情况下，秘书长都要以"三个代表"重要思想为统揽，做实践"三个代表"重要思想的"参谋长"。

对照秘书长工作职责，做好实践"三个代表"重要思想的"参谋长"，必须牢牢把握立党为公、执政为民。

一要常怀爱民之心。秘书长要把维护好、实现好、发展好人民群众的根本利益作为决策参谋的出发点和落脚点，始终把人民群众的情绪作为第一信号，把人民群众的满意作为第一追求，把人民群众的物质文化生活水平的提高作为第一目标，把解决人民群众最关心的热点、难点问题作为维护人民利益的最好方式，从而把为领导服务与为基层和人民群众服务一致起来。

二要常研富民之策。秘书长要挤出时间，经常深入基层，深入实际，深入群众，积极开展调查研究，及时反映基层和群众的愿望与要求，为领导决策提供真实准确的情况和切实可行的建议，使领导的决策部署真正站在人民利益的高度之上，得到人民群众的拥护，实现党心民心的高度统一。

三要常谋利民之举。要把树立和落实科学发展观与正确的政绩观贯彻到为领导的决策参谋中，多谋群众急需、"雪中送炭"之举，多谋打基础、长远起作用之举。当前，特别要抓住减轻农民负担、下岗职工生活保障和就业再就业、扶贫济困、中小学危房改造、农民工合法权益保护、农民增收等直接关系人民群众切身利益的问题，为领导献计献策，加强督促检查，确保中央和省、市工作部署和政策落实到位。

当好落实"第一要务"的"参谋长"

发展是我们党执政兴国的第一要务，也是秘书长进行决策参谋的第一要务。六安是发展中地区，撤地设市以来，经济有了稳步发展，特别是今年（2004年）上半年成为自1998年以来发展最快的时期。但是，与全国、全省和兄弟市相比，六安有很大差距。发展不足、发展不快仍是我们面临的最大问题。加快发展，是我们最大的政治、最根本的任务、最硬的道理，任何时候、任何情况下，都要凝心聚力搞建设，一心一意谋发展。越是在当前中央宏观调控的形势下，我们越要在不利中看到有利，在挑战中把握机遇，围绕经济建设这个中心，坚持加快发展不动摇，争取与全国、全省一道，如期实现全面建设小康六安的历史重任。我们每位秘书长都要把握市情、正视现实，进一步增强为领导谋划加快发展的责任感，当好落实"第一要务"的"参谋长"。

秘书长要当好落实"第一要务"的"参谋长"，就要注重在以下几个方面致力当"高参"：

一是在完善发展思路、谋划发展大计上当"高参"。 领导在实施决策、制订一定时期的奋斗目标后，需要根据形势变化不断提出一些新的思路来促进和加快发展。对此，在决策实施过程中，秘书长要勤于思考，善于总结，帮助领导进一步完善和提升发展思路。我们还要站在全局的战略的角度，紧紧围绕加快发展、富民强市、全面建设小康六安这个主题，组织人力、物力，超前谋划，提出一些有利于加快六安发展，具有前瞻性、战略性和可操作性的策略建议，为市委、市政府决策作参考。

二要在把握发展态势、落实发展举措上当"高参"。 要围绕市委、市政府的中心工作和各个阶段的重点工作，在调查研究和综合归纳的基础上，为领导定期分析经济形势，把握经济运行态势，增强领导工作的预见性。在领导决策形成之后，秘书长要及时为领导拟定实施决策的方案与措施，确保决策顺利实施。对一些决策在实施过程中遇到的困难和挫折，也要及时研究，以实事求是的态度提出建议和意见，帮助领导调整决策、完善措施。

三要在优化发展环境、解决突出问题上当"高参"。 环境是一个地方经济发展的生命线。市委、市政府高度重视优化经济发展环境工作，并已取得了一些成效，但环境问题仍是阻碍我市发展的一大障碍，影响着全面建设小康六安的进程。因此，秘书长要继续在这方面找问题、出主意、抓落实，进一步扫清发展障碍。在当今改革发展中，不可避免会出现一些矛盾和问题，比如社会稳定问题。对此，我们要超前为领导预测可能出现的情况，积极为领导谋划解决之策，特别是对那些已有苗头性、倾向性的问题，要尽可能预见到，及时反馈给领导，以便把它们解决在基层、解决在萌芽状态。

当好推进领导班子建设的"参谋长"

秘书长不仅承担着为领导班子服务的职能，而且担负着推进领导班子建设的责任。当好推进班子建设的"参谋长"，是对秘书长工作的又一基本要求，也是提高班子效率、维护班子形象的重要保证。

一要推进制度建设。 邓小平同志曾经指出："制度问题更带有根本性、全局性、稳定性和长期性。"领导工作千头万绪，任务繁重。要使领导班子运转协调，形成合力，必须加强制度建设。秘书长通过建议起草、制定一系列诸如学习制度、工作制度、议事制度、自身建设制度、工作要点等，做到有章可循，按制度办事，按程序办事，从而能使班子成员各司其职，各负其责。

二要推进理论建设。面对大量的新情况、新问题，领导班子成员必须不断加强理论政策、道德修养和科技文化知识的学习，提高自身素质和工作水平，增强坚持党的基本理论、基本路线和贯彻党的各项方针政策的自觉性、坚定性、创造性。为此，秘书长要精心筹备领导班子的集体学习活动，如中心组学习、邀请专家讲座、外出考察等。在安排学习中，要尽可能与六安实际结合起来，与领导的阶段性重点工作需要结合起来，以便对全市改革发展稳定中的一些重大问题进一步形成共识。

三要推进作风建设。当前，要特别注意把中央关于发扬求真务实、转变工作作风的要求贯彻到推进班子建设中去，通过加强协调、严格把关，精简会议和文件，改革会风和文风，确保领导同志和领导班子从"文山""会海"和一般性事务中摆脱出来，把主要精力投放到深入基层、深入群众，进行调查研究上；投放到研究工作思路、制定落实措施、解决重点难点问题上。

四要推进廉政建设。认真组织学习宣传和贯彻执行《中国共产党党内监督条例（试行）》和《中国共产党纪律处分条例》，严格实行党风廉政建设责任制，大力推进行政审批、干部人事制度等方面的改革，积极参加领导班子民主生活会，集中开展反腐倡廉警示教育等活动，推进班子党风廉政建设，树立起良好的班子形象。

（此文是 2004 年 7 月 24 日在六安市市级领导班子秘书长联席会议上讲话的一部分）

秘书长要当好"第一办事员"

秘书长处于承上启下、兵头将尾的位置。对下,是"长",是领导;对上,是"秘书",是办事员。相比于一般办事员,秘书长应是"第一办事员"。

看一名秘书长是否称职,既要看他是否精心谋划大事,又要看他是否严格管理小事。"谋大严小",是秘书长职能与责任的统一,也是秘书长工作求真务实的体现。这就要求秘书长在当好"参谋长"的同时,当好"第一办事员"。

当好"第一办事员",带头为领导班子当"高参"

秘书长在决策上是配角,在参谋上是主角。如何提高对领导决策及其落实工作的参与程度和谋划程度,做到参在关键处、谋到点子上?对秘书长来说,既要胸怀全局,又要脚踏实地,带头做好政务服务。只有当好"第一办事员",带头做好政务服务,才能当好"参谋长"。

在调研上带头。调查研究是秘书长的基本功,也是提供决策服务的重要手段。秘书长要把调查研究作为基础性、经常性的工作来抓,不仅要做调查研究的组织者和指导者，还要亲自出马，带头开展调研工作。要谋事求早、选题求准、思路求新、探索求深，注重提高调研成果的前瞻性、实效性和可操作性，使调研活动真正成为领导决策的基础性工作，使调研成果真正成为领导决策的重要参考依据。

在协调上带头。带头抓好协调配合，形成工作合力，确保班子工作高效运转，是秘书长的职责所系。秘书长要善于运用政策协调、利益协调和感情协调，理顺关系，化解矛盾，凝心聚力，推进决策落实，促进工作开展。要善于当好总调度员、总协调员，使方方面面都能紧紧围绕班子的工作中心，各司其职、各负其责，同时又能在解决事关全局的重大问题上重拳出击，打好硬仗。

在督查上带头。督查是促进决策落实的重要手段，用好督查权对秘书长来说相当重要。秘书长要"敢督善查"，带头督查，该督则督，一督到底。如果该督不督，必然反受其督。要建立以班子领导督查为主体、以督查部门为枢纽、以部门和基层督查为依托的督查工作机制，实行督查工作责任制，推进督查工作的制度化、规范化和网络化。根据工作需要，采取现场督查、暗访督查、新闻督查、联合督查、集中督查、跟踪督查等多种形式，推进领导班子决策的落实，促进问题的解决。

当好"第一办事员"，切实为机关工作把好关

秘书长肩负着保证领导机关正常运转、保持上下左右联系畅通的重任。只有当好"第一办事员"，才能更好地发挥秘书长的"把关"作用，做到领导布置的任务不在你那里延误，群众提出的要求

不在你那里"短路",单位的形象不在你那里受到影响,重要差错不在你那里发生。

在办文、办会、办事上把关。领导工作的上情下达、下情上传,重要文电的审核、重要活动的筹办和重要事务的办理,一般都要经过秘书长把关。特别是对基础层次、薄弱环节、重大变化、新生事物和领导有特别要求的文、会、事,更要严格把关,做到超前、周密、安全、高效。

在信息工作上把关。在机关工作运转的联系中,秘书长处于信息集散、编组和传导的总枢纽位置。秘书长要在掌握信息、开发信息上下功夫。对重大突发性事件、重要社会动态、紧急灾情疫情以及其他重要紧急情况,必须及时、妥善处置。要着力于信息的开发利用,学会"沙里淘金"、集零为整、化浅为深,开发出高层次信息,充分发挥带规律性、普遍性、倾向性信息的作用。

在值班、后勤和接待上把关。办公室工作无小事。秘书长领导办公室,既要举重若轻,又要举轻若重。"当好第一办事员",不是要求秘书长事无巨细,事必躬亲,但对于重要的"小事",也要亲自过问。对值班工作,秘书长要加强指导,确保通信和联络畅通。后勤保障要周密细致,保证工作之需。要重视接待工作,不断提高接待水平。

当好"第一办事员",主动为干部职工树标杆

榜样的力量是无穷的。如果每个班子的秘书长、副秘书长都能成为"第一办事员",身先士卒,以身作则,那将会很好地带动干部职工队伍建设,推动整个领导机关的建设。

争当学习型、服务型、创新型秘书长，推进"三型机关"创建活动深入开展。带好干部队伍，必须在提高干部职工学习水平、服务水平和创新能力上下功夫。从今年开始，安徽省六安市在市直机关开展为期三年的创建学习型、服务型、创新型机关的活动，制定了实施方案和年度考评办法。创建"三型机关"活动，以建设学习型机关为基础，以建设服务型机关为宗旨，以建设创新型机关为动力，着力提高干部职工的整体素质和工作能力，转变工作作风，提高服务效率和水平。市几个班子的秘书长、副秘书长都应带头参加，争当学习型秘书长、服务型秘书长、创新型秘书长，以榜样的力量带动机关创建活动扎实有效地开展。

坚持"内聚外放"，充分调动办公室工作人员的积极性和创造性。"内聚外放"是指办公室对内要增强凝聚力，对外要扩大开放度。内聚，是动力；外放，是活力。这是深化改革、扩大开放的新形势对办公室工作提出的迫切要求，也是进一步做好秘书长工作的有效途径。内聚，重在统一思想，集中智慧，凝聚力量。这就要求秘书长一方面发挥职务的威慑力，另一方面发挥形象的影响力。要坚持不懈地加强和改进思想政治工作，竭诚为干部职工排忧解难，营造一个拴心留人的良好氛围，激发干事创业、争创一流的工作动力。外放，既要打开室门，大胆引进，又要走出室门，大胆实践。秘书长要解放思想，更新观念，创造条件，加强横向、纵向、外向联系，带领办公室同志多参加一些对外开放的实践，使办公室工作更加贴近时代，贴近实际，焕发生机和活力。

（刊载于中共中央办公厅秘书局《秘书工作》2004年第10期）

在提高纪检监察谋划与执行能力上下功夫

我们通常说，办公室是参谋部，秘书长是参谋长。纪委秘书长、办公室主任在纪委机关的中枢地位和重要职责，要求我们注重提高谋划与执行能力。

提高纪检监察谋划与执行能力，当前要在五个方面花气力、下功夫。

一、注重提高围绕中心、服务大局的谋划与执行能力

围绕中心、服务大局，是新时期纪检监察工作的一个重要原则。毫无疑问，这也应是秘书长和办公室主任必须遵循的基本原则。有效贯彻落实这个基本原则，要求各位秘书长、办公室主任主动适应形势任务的发展变化，不断提高相应的谋划、执行能力。

强化围绕中心、服务大局的理念。纪委秘书长和办公室主任只有不断解放思想、更新观念，才能有效强化围绕中心、服务大局的理念。要把围绕中心、服务大局作为一种政治素养、核心理念和工作追求，主动围绕经济社会发展出主意，紧扣反腐倡廉建设想办法，把促进经济社会发展、加强反腐倡廉建设作为最根本的工作原则，

不为任何干扰所惑，不为任何困难所阻，一以贯之、毫不动摇地把各项工作置于全局之下。

完善围绕中心、服务大局的措施。再先进的理念，没有具体的措施来保证落实，最终只能是空想。纪委秘书长、办公室主任要加强对中央和省委、省政府有关法规政策、重大决策部署的学习研究，特别是反腐倡廉方面的学习研究要及时、系统、深刻，真正把握要义、掌握精髓，为制定具体措施奠定知识基础。要立足工作职能，制定和健全有关措施，把围绕中心、服务大局的要求贯彻到参谋助手、督促检查、服务保障、审核把关等各项工作中去，实现有机融合、良性互动。制度化、规范化，是提高围绕中心、服务大局谋划执行能力的有效办法。要全面分析服务大局的构成要素，抓住重点环节、重要事项，进一步健全完善相关制度，着力规范和明确围绕中心、服务大局的主体、内容和措施等，保证围绕中心、服务大局各项任务持续深入开展。

提高围绕中心、服务大局的水平。纪委秘书长、办公室主任要牢固树立"凡事预则立，不预则废"的意识，围绕"公转"抓"自转"，在被动中寻求、争取和创造主动，想在前，干在先，以超前、主动的工作来保证服务大局的质量和效果。要把服务大局的成效如何，作为检验秘书长、办公室主任工作能力、工作水平的重要标准。要把督促检查作为提高效果的重要手段和有力举措，灵活运用书面督查与实地督查、独立督查与联合督查、明察与暗访等多种手段，加大跟踪督查、回访复核的力度，确保党委、政府重大决策贯彻落实，确保纪检监察重要部署贯彻落实。

二、注重提高加强管理、狠抓落实的谋划与执行能力

纪委、监察局机关犹如一部机器，要保证整个机器的最佳运转，就必须建立一套科学的管理方式和工作手段，进行规范化运作，提高制度化、规范化、科学化管理水平。秘书长、办公室主任要牢固树立刚性化的执行理念，养成和保持立说立行、雷厉风行的办事风格，确保以高效的作风推动工作任务高质量落实。

要严格落实管理责任。 建立健全定性与定量相结合的目标管理制度，是做好秘书长和办公室工作的重要保证。要紧紧围绕做好政务、事务服务以及信息、档案、保密等具体工作，既提出定性要求，又提出定量要求，并将各项目标任务及时分解，明确责任。要健全完善工作分工、责任追究、逐级负责和首问负责制等制度，严格操作程序，明确岗位责任，并加大制度执行和落实力度，严格制度约束，用制度管人，按制度办事。

要不断改进管理方法。 坚持把主动服务与科学管理结合起来，在服务中管理，在管理中服务，切实增强管理的主动性。要积极适应新形势新任务新要求，健全完善公文管理、财务管理、车辆管理、公务接待管理、办公用品管理、机要保密管理、差旅费管理、干部职工困难补助等一系列管理制度，固化、简化、优化工作流程。要大力推行精细化管理，坚持从抓好细节入手，力求于细微处见敬业精神、见管理水平。在日常事务管理中，要善于区别不同情况，把严格执行刚性制度与注重刚柔相济、友情操作结合起来，增强管理的灵活性，提高纪委秘书长、办公室主任的亲和力。

要着力提升执行能力。 纪委秘书长和办公室主任要当好纪委

机关的"第一办事员",坚持"干"字为先、"实"字为要,在位谋政,在岗履职,说真话、办实事、求实效,真正把心思和精力用在抓工作落实上。前不久,中央办公厅相继印发了《党政机关公文处理工作条例》《关于进一步精简文件和简报的意见》《关于加强和改进党委信息工作的意见》和《关于加强和改进党委督促检查工作的意见》等4个重要文件。省委办公厅、省政府办公厅也制定下发了实施办法。省纪委、省监察厅《关于大力精简会议、文件和领导同志事务性活动的实施意见(讨论稿)》,近日将印发。当前,我们在抓工作落实的过程中,一项非常重要的任务就是结合本地本单位实际,以求真务实的精神,抓好上述文件精神的贯彻落实。比如,文字综合工作,要出思想、出精品。认真贯彻中央和上级机关决策精神,多提切实可行的对策,增强文稿的思想性、政策性、指导性和针对性。改进文风,用简短的篇幅容纳丰富的内容,用朴实的语言表达深刻的道理,力求多出成果、多出精品。再比如,调查研究工作,要抓重点、见实效。立足基层实际和纪检监察工作现状,重点关注全局性、综合性、前瞻性的问题,深入开展调查研究,及时在重大决策、关键问题上为领导提供有广度、深度和力度的建议。又比如,新闻发布工作,要重时效、善引导。加强和改进新闻发言人制度,紧跟形势变化,多形式、多角度、多侧面地发布反腐败斗争的成效、政策和措施。健全突发事件快速反应机制,及时准确发布权威信息,回应关切,解疑释惑,为反腐倡廉工作营造良好的舆论氛围。省纪委监察厅近日印发了《关于进一步加强全省纪检监察系统新闻发布工作的意见》,希望各地认真贯彻执行。

三、注重提高改进作风、优化效能的谋划与执行能力

办公室是机关的窗口和门面。纪委办公室的作风和效能直接关系到纪检监察机关在人民群众中的形象，关系到党风廉政建设和反腐败工作的有效开展。这些年来，各级纪委办公室以及整个机关正是靠优良高效的工作作风，圆满完成了纪委常委会和领导同志安排部署的各项工作任务。但反腐败斗争的新形势新任务对纪检监察干部的作风提出了新的更高要求。纪委秘书长、办公室主任必须进一步强化创先争优意识，大力提高改进作风、优化效能的谋划与执行能力，为顺利完成目标任务提供作风效能保证。

要知难而进。纪委秘书长、办公室主任的工作，有的政治性、政策性、专业性很强，有的任务量大、时间要求急，这些都要求我们知难而进，迎难而上。要勇于担当、敢于负责，把"克难"作为锤炼作风的重要方法，在战胜困难、解决问题中培养品性、提高能力、改进作风。

要严谨细致。纪委秘书长和办公室主任工作无小事。一件看似很小的事，如果处理不好，都可能给整个机关带来不利影响。我们要坚持"严"字当头，严格执行工作标准，并在此基础上追求"更高、更快、更好"；要坚持"细"字为上，抓细节、抓具体、抓深入，不因任何一个细节失误造成工作被动；要坚持"精"字为重，精雕细刻地做好每一项工作，精益求精地完成每一项任务。

要快捷高效。当今，行政效率已经上升为执政党是否具有较高执政能力、能否引领时代潮流和能否代表人民根本利益的重要课题。办公室作为机关的综合部和联络部，必须有一种时不我待、只争朝

夕的紧迫感和进取心，切实注重工作的效率、效果和效能。在参谋决策上，想领导之未想，谋领导之未谋，主动为领导提供超前服务；在文字材料上，要注重简洁明了，抓主抓重，提倡"短、平、快"，杜绝"假、大、空"；在督查落实上，要突出重点，找准薄弱环节，果断迅速，讲求实效；在综合协调上，要立足大局，找准位置，把握角度，高效地处理好与有关方面的关系；在后勤保障上，既要未雨绸缪，又要应时而为，确保工作正常高效运转。

四、注重提高开发信息、整合资源的谋划与执行能力

抓好信息工作是秘书长和办公室主任做好政务服务的一项基本任务，也是履行秘书长和办公室主任工作职责的重要体现。做好新形势下纪检监察信息工作，是一项极富挑战意义的硬任务。从这两年中央纪委考核情况看，我省在全国仅处于中游水平。今年（2012年）以来，为扭转信息工作被动局面，省纪委想了很多办法。比如，我们到信息工作做得比较好的广东、河南两省纪委学习考察，举办了全省纪检监察系统信息员培训班，出台了一系列鼓励做好信息工作的措施。希望各市以及县区纪委、省直各单位纪检监察机构都能把开发信息摆上重要位置，紧紧围绕"数量求突破、质量创精品、位次争一流"的目标，不断强化组织领导、健全工作机制、创新工作方法，同心协力、共同促进全省纪检监察信息工作水平稳步提升。

开发信息，要重点抓好三个环节。一是拓展信息来源。这是搞好信息工作的前提。必须建立纵向到底、横向到边的信息网络，把信息报送任务分解到岗、到人。同时，要加强与机关各室、同级党

委各部门间的联系，相互沟通信息，确保信息"源头活水"。二是提高信息质量。这是做好信息工作的关键。要树立开发信息资源的意识，突出重点，捕捉亮点，关注热点，剖析难点，及时、准确、全面地收集和报送信息，确保信息常报常新。三是建立长效机制。这是做好信息工作的保证。要建立信息工作每月通报制度、定期约稿制度，落实信息考核、奖励制度，加快由松散型、随意性向制度化、经常化转变。要切实加强信息员队伍建设，抓好业务培训，不断提升工作水平。

在实际工作中，领导对信息工作的重视程度，直接影响并决定着信息工作的开展。秘书长、办公室主任要树立强烈的信息意识，把相当一部分精力放到抓好信息工作上。要坚持实事求是，支持和鼓励信息工作人员报送真实情况。要经常研究纪检监察信息工作的重大问题，分析形势，找出差距，加强指导，推动工作开展。要从政治上、工作上、生活上关心信息工作人员，帮助他们解决工作中遇到的各种困难和问题。要选配好信息工作人员，把那些综合素质高的同志放到信息岗位上，同时要重视对优秀信息干部的提拔使用。要安排信息工作人员列席一些重要会议，参加有关重要活动，以便了解领导意图，掌握全面情况。要加大投入，在办公经费和设施上采取适当倾斜政策，为开展信息工作提供良好的环境。

加强组织协调、有效整合资源，是秘书长和办公室主任职责和优势所在。一是加强内部协调，协调好委局机关各部门之间的关系。加强对重要会议、重大活动的调度，做到科学安排、周密组织。完善公文起草、审批、制作、分发等流程，加强文件的审核把关。规范机关内部档案管理，大力推进档案信息化建设，加强档案信息开发利用。二是加强纵向协调，协调好纪检监察系统上下级机关之间的关系。发挥好上传下达的桥梁作用，及时反馈各方面的意见和建议。对上，要了解上级机关的新精神，了解本机关领导的工作意图，争取上级机关和本机关领导的指导、支持和帮助，同时要及时向上级机关和本机关领导报告重大事项、报送紧急和重要信息、反馈交办事项的办理结果；对下，要多通气、多通报、多联系，迅速准确地传达重要决策部署、指示和要求，及时研究回复下级机关的请示、报告事项，积极为下级机关做好工作创造条件。三是加强横向协调，协调好纪检监察机关与其他部门之间的关系。加强同相关部门的联系，及时沟通，共同协商，形成共识。既敢于协调、主动协调，又摆正位置、讲究方法，把各方面的积极因素发挥好、优势资源整合好。

五、注重提高深入探索、推进创新的谋划与执行能力

创新是推动工作的不竭动力，是提升工作层次和水平的有效途径。当前，反腐倡廉形势的发展对纪检监察机关的工作提出了新的要求，秘书长和办公室主任要切实增强创新意识，把创新作为推动工作的重要保证，以办公室工作创新带动机关工作创新，不断提高纪检监察工作的科学化水平。

要解决创新的思想认识问题。现实中有不少同志认为办公室的任务是服务、是执行，只要循规蹈矩、做好工作就行了。也有一些同志认为，办公室工作政治性、敏感性强，还是稳当一点好，强调创新可能会出问题。这些思想要不得。开创办公室工作新局面，首

先必须从创新观念抓起，切实解决不愿创新、不敢创新的问题。要充分认识到，推进创新是形势所迫、任务所驱、职能所求、工作所需。要用新的眼光审视秘书长和办公室工作，坚决摒弃不合时宜的旧思想、旧观念，破除被动应付的思想、树立主动服务的意识，破除唯书唯上的思想、树立求真务实的意识，破除墨守成规的思想、树立时效优先意识，力争在改革创新上走在机关的前列。

要解决创新的途径目标问题。办公室的工作概括起来就是办文、办会、办事，这些都是程序性、规范性很强的工作，必须依靠一套科学合理并且操作性强的工作制度。从这个意义上讲，健全完善的制度在办公室的日常工作中至关重要。做好纪委秘书长和办公室工作，必须高度重视和加强制度建设，积极推进制度上的改革创新。一方面，要大力推进规范化建设，建立健全各项工作程序、标准和行为规范，完善公文处理、机要档案、会议活动、网络安全、信息采编以及后勤管理方面的制度。另一方面，要及时修订不合时宜的工作制度，对可有可无的程序，能取消的就取消，能简化的就简化，能合并的就合并。同时，要从严执行制度，做到循章必严、违章必究，努力形成"用制度管人，按规章办事"的格局，确保办公室有序、快速、高效运转。

这里说的是制度创新，下面再说方式方法创新。以信息化为例。秘书长、办公室主任要高度重视科技手段与反腐倡廉建设的融合，切实把信息化建设作为创新纪检监察业务工作方式、提高办公室工作的科技含量和现代化水平的重要举措，按照"统筹规划，分级负责，同步实施，整体推进"的工作思路，狠抓领导体制、网络建设、业务应用、人员培养，加快构建集电子公文传输、电子邮件、案件监督管理、信访信息管理、惩防体系建设信息管理、网上即时通信、干部信息管理等多项业务系统于一体的纪检监察工作网络体系。

要解决创新的素质能力问题。要牢固树立"素质取胜"的理念，不断优化人员结构，强化干部的教育、培训和管理，着力抓好办公室干部队伍建设这个"基础工程"。要完善"能上能下"的竞争激励机制，杜绝"干与不干一个样、干好干坏一个样"的现象，充分调动干部的工作积极性、主动性和创造性。要切实把学习作为提升素质的重要手段，以建立"学习型办公室""学习型机关"为目标，着力健全完善学习制度，促使每一位干部都能够增强自我加压的学习意识，以不断学习、不断实践、不断探索实现不断创新。

（此文是 2012 年 8 月 17 日在省辖市纪委秘书长、办公室主任座谈会上讲话的节录。作者时任中共安徽省纪委常委、秘书长。）

秘书长和办公室主任如何带兵

秘书长和办公室主任，是集领导者与服务者于一体的角色，人称"兵头将尾"。既是将，又是兵，既是指挥员，又是战斗员，这是由秘书长、办公室主任的工作性质和工作职位决定的。既然要指挥战斗，那就要求统兵带兵。这里说的"兵"，主要是指办公室工作人员。一个秘书长和办公室主任会不会带兵，关系到他是否称职、是否优秀。

本文结合自己担任地市党政办公室负责人和党委政府秘书长、省纪委秘书长近 20 年的经历，谈谈带兵的做法和体会。

一、以榜样示兵

带兵，贵在身带。身教重于言教。秘书长、办公室主任要以身作则，以自己榜样的力量带动下属学习、工作，以领导班子榜样的力量带领全体工作人员完成任务。

比如廉政。在担任六安市政府秘书长、政府办公室党组书记和主任期间，我于 2002 年 5、6、7 三个月集中开展了办公室党组成员公开述廉活动。当时，党组有 12 名成员，是市直单位党组成员最多的，多位副秘书长都担任过市直部门主要负责人。在公开述廉活动中，党组所有成员在办公室全体干部职工大会上通报两年来廉洁从政情况，征求意见，进行整改；科级及科以下工作人员在科室开展廉政建设座谈，并向党组书面报告两年来廉洁自律情况及今后打算。这次活动，是党组自行安排的，那时党政机关还没有普遍开展公开述廉。由于领导率先垂范，影响很大，不仅增强了党组成员的廉政意识，促进廉洁自律，而且对办公室全体干部职工进行了一次深刻的廉政教育。

再比如调研，自 2004 年开始，我作为市委秘书长，同各位副秘书长、市委办公室（政研室）各位副主任，每人每年都要牵头 1—2 项重点调研课题，带头调查研究，为市委决策提供参考。至 2006 年，市委办公室（政研室）三年调研报告集收入调研文稿 92 篇，其中在省级以上报刊发表的有 32 篇。2007 年初，我牵头的"构建省会经济圈"课题调研，就经济圈的功能定位、产业发展、区域一体化、保障措施等问题提出了积极建议，较早推出了一批有价值的调研成果，其中《打造区域优势 引领安徽崛起》等 15 篇调研文稿被收录到社会科学文献出版社《合肥·六安·巢湖发展报告》蓝皮书中，对构建合肥经济圈起到了推动作用。担任省纪委秘书长期间，我牵头"建立反腐倡廉长效机制""深化廉政风险防控工作"等多项调研课题，与研究室和办公厅的同志深入研讨，为省委决策提供有效参考，有的调研报告还被评为全国纪检监察优秀政策理论调研成果。

以榜样示兵，要求我们在发挥权力影响力的同时，重视发挥非权力的影响力。非权力性影响力，是由领导者的品德修养、知识水平、生活态度、情感魅力以及自己的工作实绩和表率作用等素质和行为所形成。它比权力性影响力具有更大的力量。如果一个领导者具有优良的品格，如公道正派、严于律己、无私奉献、以身作则等，会使下属产生一种发自内心的敬佩感，深受下属的拥戴。"其身正，不令而行；其身不正，虽令不从。"身正才能自身硬，自身硬才能打好铁。往往有这样一种情况：同样是这个单位，同样是这些"兵"，换一个"将"，"战况"就完全不一样；同样一项任务，由不同的领导下达，其下属执行的态度和结果也不一样。以榜样示兵，在党政机关更为重要。

二、以环境养兵

一个单位环境好，工作人员再累也不觉得累。相反，如果环境不好，人际关系紧张，即使没干什么事也觉得很累。在这种环境下，人累还算其次，主要还是心烦、头痛，自己无所适从，也无能为力。因此，理顺关系，营造良好环境，是单位领导的重要任务。领导者必须明白：关系融洽，环境良好，下属才有归属感、踏实感、安全感，才能安心工作、专心工作、潜心工作。

带兵，先要亲兵、知兵、爱兵。爱兵，主要体现在三个方面：政治上关心、工作上支持、生活上照顾。党委、政府办公室任务繁重，工作辛苦。秘书长、办公室主任要把这种关心、支持和照顾，转化为工作人员爱岗敬业、无私奉献、奋发向上、追求卓越的强大动力，营造出一个想干事、能干事、快干事、干成事的良好环境。自2000年开始，六安市政府办公室开展"三学三比"（学理论、学经济、学法律，比品德、比作风、比成果）活动，并结合形势要求，不断创新活动内容。到2002年，六安市政府办公室在省政府办公厅综合考评中荣获先进集体，政风建设受到省政府办公厅的表彰，公文处理、政务信息工作连续多年处于全省先进位次，机关党建、文明创建、老干部工作、关心下一代工作等在市直机关中处于领先位置，基本上实现了"省内争上游，全市创一流"的目标。

秘书长也好，办公室主任也好，都要尊重下属，亲近下属，了解下属。不能总是跟着书记、市长跑，不与下属打交道，也不能动不动就拿着书记、市长来压下属，那样会压而不服，日久生厌。不能整天端着秘书长和主任的架子，高高在上，难以接近，那样就失去了亲和力，也影响了号召力。浇花浇根，带兵带心。要加强思想政治工作，及时消除隔阂，有效化解矛盾，充分调动工作人员的积极性、主动性和创造性。

任六安市政府秘书长兼办公室主任期间，我注重推进思想政治工作由虚到实、由短到长、由软到硬、由偏到全的转变。建立思想政治工作分级负责制，办公室主任对全办负总责，分管主任对所分管的科室负责，科长对科室负责，做到一级抓一级，一级对一级负责。并将思想政治工作由办公室全体职工向离退休干部和职工家属、子女以及政府办公室系统延伸，扩大思想教育工作的覆盖面，展现其广泛性。任市委秘书长期间，我建立市级领导班子秘书长联席会议制度、市委秘书长办公室主任联席会议制度、市委常委所在单位办公室主任联席会议制度、县区党委办公室主任例会制度，并召开市党委、政府、人大、政协办公室全体工作人员会议，及时研究协调问题，增进工作联络交流，加强领导身边工作人员管理。实践使我体会到：对内增强凝聚力，对外扩大开放度，党政办公室"内聚"与"外放"的统一，有助于营造工作"一盘棋"、环境"大家庭"的氛围。

一个单位，培养使用人才的环境是重要的环境。种庄稼，要不误农时；培养使用人才，也要正当其时。从一定的角度来说，办公室工作人员能不能安心工作、专心工作、潜心工作，这是考量秘书长、办公室主任带兵水平的重要方面。秘书长、办公室主任要公平待人，公正处事，坚持原则，不怕得罪人。对办公室工作人员，要一碗水端平，不要有亲疏远近，不要让老实人吃亏，不要让"老黄牛"受气。要经常给下属出题目、交任务、压担子。要注重把思想过得硬、业务能力强、有奉献精神和培养前途的干部及时调整到合适的岗位。对于条件成熟、业绩突出的同志，要大胆提拔使用。如果下属时不时就来向你汇报所谓的"思想"，动不动就来向你表白所谓的"成绩"，那你就要考虑：养兵环境、用兵导向是不是有什么问题？

三、以实战练兵

练兵，战前训练是重要的，但更重要的是战中磨炼。这就是"在游泳中学习游泳""在战争中学习战争"。从"兵"来说，要多学习、多观察、多实践，发扬"真金不怕火炼"的精神，勇于面对，敢于挑战，不怕困难，不怕吃苦，不怕挫折。如果站在岸上学游泳，即便是国家队的教练指导你，你也学不会。从"将"来说，要因材施教，知人善任，谋定而动，排兵布阵。其一，"啥长用啥"，用其所长；其二，"啥短补啥"，补其所短；其三，"啥需练啥"，增其才能。

办公室是"炼丹炉"，一批又一批工作人员被训练成办公室工作的"能手""高手"。办公室也是培养领导人才的"蓄水池"，不少领导干部都是由秘书、科长、主任、秘书长走上领导岗位的。在实际工作中，中专生、大专生"练"成文字综合的笔杆子，打字员、收发员"练"成厅处级领导干部，不是个例。"练"的过程，就是培养的过程，而不是"放散羊"，不是"靠天收"。秘书长、办公室主任要把有潜力的人放到有需求的岗位上，并根据需要做动态调整。不仅要调整练兵的岗位，也要调整练兵的任务和方法。

总结实战经验，是为了更好地练兵。打一仗总结一下，以利再战。专题研讨，也很有必要。2001 年 11 月，六安市政府办公室召开"怎样当好科长"研讨会，我和各位科长一起交流、切磋。自 2004 年开始，六安市直机关连续 5 年开展创建学习型、服务型、创新型机关活动。市委办公室在创建"三型机关"活动中，举办学习论坛和业务讲座，由办公室（政研室）相关负责同志及科室局负责人，并扩大到一般干部，就相关理论知识学习、业务探索体会、调研考察报告、工作生活感悟等内容举办 20 多期讲座，并结成《服务与效能》《务实与创新》报告集，达到了相互交流、相互启发、相互促进，共同提高的效果。

以实战练兵，在学中干、干中学，学用结合，学用相长。后来，我在马鞍山市纪委书记、省委巡视组组长等岗位，也还运用这种带兵方法。

四、以制度管兵

毛泽东主席曾指出：带兵即管理。习近平总书记也强调：把关心关爱官兵与从严治军统一起来，把严格管理和科学管理统一起来。这就告诉我们，管理者既要是慈母，又要是严父；管理既要有温度，又要有硬度。带兵之道，得之于严，失之于宽。我们通常说"管兵要严"，主要就严在制度上，因为制度是严格管理和科学管理的集中体现。

党委、政府办公室位于"神经中枢"，必须是一个职能明确、工作规范、政令畅通的战斗集体。秘书长、办公室主任要重视制度的制定、修订和执行，以制度来管人管事，以制度来规范工作。一是制定制度求全。就是要建立健全办公室各项制度，使方方面面的主要工作有章可循。二是修订制度求好。制度建设是一个动态过程，制度没有"最好"，只有"更好"，必须根据形势任务的需要和实践检验的结果来不断修订完善。三是执行制度求严。坚持严字当头，做到违章必查、违规必究。

2000 年六安撤地建市后，我们对原来行署办公室的工作制度进行清理，仍然适用的予以保留，过时的予以废止或修改，并根据工作需要重新制定了一批工作制度。至 2002 年，先后制定和完善了包括岗位责任制、公文处理、议案提案办理、政务督查、错文公示、驾驶班管理等 23 项工作制度并汇编成册。有些制度，还受到了市委、市政府领导的充分肯定。如《六安市人民政府机关"三密"文件传阅管理办法》，市委副书记批示："此文很好，保密局要督促市直单位认真执行，县区及其直属单位也应这样做。"《错文公示制度》受到省政府办公厅表扬，并在《安徽政办通报》全文刊发。说起《驾驶班管理制度》的制定和执行，印象更深。那时的驾驶班，流行一句话："酒喝半斤，开车不晕。"酒后开车，事故时常发生。办公室冲破阻力，在《驾驶班管理制度》中规定："开车不饮酒，饮酒不开车。"这在当时没有"禁酒令"的情况下，是比较早、比较严的制度。后来，发现驾驶班在执行制度中存在一些问题，及时开展了为期三个月的专项教育整顿活动，我和驾驶班师傅们一道学习讨论。这次专项教育整顿，对个别违规违纪人员给予纪律处分，使制度真正落到实处。

加强制度建设，应当着眼于机制的建立完善，努力实现制度在更高层面的系统整合，逐步构建科学的制度体系。办公室是这样，党委、政府直属机关也是如此。六安撤地建市后，市政府办公室先后起草 20 项机关工作制度，以市政府及办公室印发，并于 2002 年汇编了市政府机关工作制度，推进了建市之初政府各项工作制度化、规范化、法制化建设，提高了市直机关的行政效能，并较好地发挥了制度的整体功效。2004 年 9 月党的十六届四中全会作出实行常委分工负责制的重大决策后，我们及时对常委分工负责制下的党委办公室工作机制进行探索，对原有工作规则和规章制度作出适应性调整、完善性改进，尽快变无序为有序，改旧序为新序。我们的做法，受到时任省委副书记王明方的肯定，并安排在全省党委秘书长会议上作交流。

（写于 2022 年 7 月 4 日）

略谈办公室主任自我管理

自我管理，是管理学的重要内容。所谓自我管理，就是自己约束自己，自己激励自己，自己提升自己。国学大师南怀瑾曾说："成为一个成功管理者，要花 50% 以上精力管理好自己。当你不能管理自己的时候，你便失去了所有领导别人的资格和能力。"办公室主任，作为办公室的主要管理者，要管好办公室必须先管好自己，而且要把自我管理贯穿管理办公室全过程。就是说，作为兵头将尾的办公室主任，只有管好自己，才能跟好"将"、带好"兵"。

自我管理的范围，相当广泛。笔者结合长期从事办公室工作、多年担任办公室主任的经历，谈谈办公室主任在品性、思维、情绪、作风方面的自我管理。

一、品性的修炼

中国古人讲"修身、齐家、治国、平天下"，把"修身"作为"修齐治平"之始，充分说明德行和人格在经国济世中的重要作用。办公室主任自我管理，首先是修炼品性。

无论是党政机关，还是企事业单位，由于办公室职能作用无可替代，选配办公室主任就格外重要。一般情况下，每个单位在确定办公室主任时，考虑最多的因素是人的品德。这是因为，如果办公室主任品德有问题，轻则干部职工积极性受挫，内外关系不协调，工作效率不高，政令不通畅，重则导致领导班子不团结，单位人心不齐、关系紧张，甚至滋长腐败之风。

品性，是一个人精神长相的重要方面。办公室主任品性好，就有良好的形象和管理的基础。但品性不是一成不变的。有的办公室主任开始还好，取得一些成绩后就飘飘然，而且越来越不像话，甚至腐化堕落。所以，从组织上来说，选好办公室主任，这只是第一步。更重要的，是对其任职后的培养和监督。而作为办公室主任自己来说，从入行上岗第一天起，就要根据办公室的性质、职责和特点来修炼品性，在学习和实践中不断提升品性；就要根据自己的秉性特别是针对弱点和不足来修炼品性，在修补和完善中不断提升品性。

看一个办公室主任的品性如何，既要听其言，更要观其行。说一套做一套，言行不一，台上台下判若两人，当然不行；玩双标，搞特殊，对人严苛，对己宽容，手电筒只照别人，也不行；对工作糊弄、应付，不愿探索，不敢担当，对部属有亲疏之分，厚此薄彼，办事不公，肯定不行；有镜头就抢，见荣誉就上，而遇到疑难复杂问题则躲避、退让，甚至单位发生违纪违法问题也不敢亮剑，那更不行。

看一个办公室主任的品性如何，既要看平常时刻，更要看特殊时期。危难见英雄，困境验品性。这里要说的是，办公室主任的品性，在维护领导班子团结中有着重要的作用。特别是在党委、政府主要负责人关系不那么融洽，或者办公室所在的党委或政府领导班子一、二把手工作不那么协调的情况下，办公室主任的品性定力、处事功力更显必要。

修炼品性，一个重要的方面是慎用权力，廉洁从政。从某种程度上讲，办公室主任官不大、权不小（隐性权力大于显性权力）、责不轻。办公室主任的岗位，是机遇与风险同在，挑战与希望共存，成败都在自己的做人与做事上。要慎言慎行，慎独慎微，慎初慎终。领导越是信任，下属越是认可，办公室主任自我管理越要主动，"内控"越要严格。不能溜须拍马，给领导"抬轿子"，违规给领导办事；既不能以权谋私，又不能以"位"谋私——打着领导旗号，给自己谋取私利；更不能放弃原则和底线，与违纪违法的领导同流合污。要讲纪律、守规矩，自重、自省、自警、自励，对自己的人际关系和奋斗目标负起责任，主动净化社交圈、生活圈、朋友圈，自觉抵制拉拢、围猎、腐蚀，做到政治可靠、品德高尚、工作过硬、行为清白。

二、思维的拓展

思维决定思路，思路决定出路。管理者的思维，比一般思维个体的思维更加重要。拓展思维，是办公室主任自我管理的重要任务。

一方面，以审时度势求思维拓展。审时度势，要求我们以全面的、辩证的、动态的思维来把握时势，采取应变之策。不同的办公室、不同时期的办公室，面临的形势与任务不一样，要解决的突出问题不一样，工作思路就不完全相同。这就要求办公室主任的思维方式不能静止不变，而要不断拓展。首先，因时就势。在深入调查研究的基础上，确定工作思路。要以稳定为主，稳中求进；要选准突破口，顺利开局；要从易到难，循序渐进。其次，择时造势。在继承办公室优良传统和作风的基础上，解放思想，与时俱进，创新工作思路。要对内增强凝聚力，对外扩大开放度，精心谋划大事，严格管理小事，把"内聚外放、谋大严小"融入到办公室信息、调研、督查和文字综合、公文处理、后勤服务等各项工作中去，开创工作新局面。党委、政府办公室要善于围绕改革发展稳定的大事要事，抓住有利时机，有效开展信息、调研、督查等方面的专题活动，发挥办公室的职能作用，展示办公室的良好形象。

另一方面，以提高站位求思维拓展。站得高，才能看得远、想得深。办公室是"参谋部"，办公室主任是"参谋长"。既然是参谋长，那就要站在指挥员的角度来观察问题、思考问题，想领导之所想，乃至想领导之未想，否则就当不了高参。办公室主任最重要的一项能力，就是脑瓜灵，反应快，悟性强。办公室主任要学习和熟悉领导的思维特点和工作风格，善于理解领导意图，与主要领导形成思想上、工作上的默契，否则，就难以和领导合拍，做正确的事。提高站位，要求办公室主任上连天线、下接地气，牢固树立大局意识、群众观念，坚持职能导向、问题导向，带领办公室工作人员在"参"字上下功夫，在"谋"字上花力气，真正做到参在点子上、谋在关键处。

三、情绪的把控

人非草木，孰能无情。管理学、心理学都讲情绪控制。情绪，分为正面情绪和负面情绪。健康的、积极的、温和的等可以引发良好事情的情绪，都可称为正面情绪；而悲伤的、消极的、倦怠的以及突然爆发的情绪，为负面情绪。我们要区别对待，通过自我调节进行正确把控。

一是正面情绪的培育。办公室主任要注重培育自信、乐观、淡定等正面情绪。积极向上，充满自信，就能不怕挫折，攻坚克难；开朗豁达，保持乐观，就能不惧苦累，乐在其中；心态平和，遇事淡定，就能沉稳老练，宠辱不惊。办公室主任正面情绪越多，领导班子氛围就越好，下属积极性就越高，办公室战斗力、创造力就越强。

二是负面情绪的控制。拿破仑说："能控制好自己情绪的人，比拿下一座城池的将军更伟大。"没有负面情绪的办公室主任是不真实的，关键是学会自我约束，不能做情绪的奴隶。有了负面情绪，要及时调整心态，减压舒气，不能将负面情绪传染给同事及下属。机关办事、社会交往过程中，办公室主任免不了受到误解和不公正的指责。在这种情况下，能解释的讲清楚，不能解释的要忍受委屈，把话烂在肚子里。即使对方情绪失控，也必须做到骂不还口、打不还手。遇到这种情况，办公室主任在情绪控制上一定要理智、一定要克制、一定要镇定。有了强大的自控力，才称得上做情绪的主人。试想一下，如果你也情绪失控，你也"还口""还手"，那形象受损的绝不只是你这个办公室主任。

四、作风的养成

办公室主任的工作作风，会影响整个办公室，乃至影响机关。但作风养成，不是一日之功，没有捷径可走。办公室主任要养成优良的工作作风，必须在"实细严精"上下功夫。

以"实"养成。办公室工作纷繁复杂，是实打实的工作。办公室主任只有老老实实做人、踏踏实实做事，以学领践，学用相长，带头践行"三严三实"，才能履好职、尽好责。不能搞假把式，不能摆花架子，更不能弄虚作假、瞒上欺下。1997 年，中共中央办公厅秘书局《秘书工作》第 10 期曾刊发笔者文章《我当办公室主任的"三全"要求》。这"三全"要求，就是：在"全天候"中做到及时服务，在"全方位"中抓好重点服务，在"全身心"中确保优质服务。要把握党委、政府工作部署和领导要求，把握改革发展稳定的重点、热点和难点，把握办公室工作规律和特点，一步一个脚印地把工作向前推进，不断增强参与政务、管理事务、搞好服务的计划性、预见性、针对性和时效性。

以"细"养成。"要落细落小，注重细节小事"，是 2015 年 9 月 11 日习近平总书记在中央政治局第 26 次集体学习时对党员干部提出的要求，办公室主任更应该自觉践行。大与小是辩证统一的关系，二者互为前提而存在，并且在一定条件下可以相互转化。办公室工作无小事。小中有大，可以说是办公室工作的一个特点。如会议通知、座次安排、后勤服务、接待联络等，不能不说是小事，但稍有不慎就会捅娄子，出现疏忽就会引起麻烦、造成被动。在很多时候，群众是通过一件件事情及其细节来评价机关效率和干部作风的，从这个意义上说，细节决定成败。落细落小，并不是要办公室主任只抓鸡毛蒜皮的小事，而是要遵照习近平总书记"坚持极端负责的工作作风"的教导，把做好工作的要求落实到每件事、每个环节，在细小之处见精神、细小之处见境界、细小之处见水平。办公室主任在举重若轻的同时，也要举轻若重，关注重要小事和关键细节。既要及时发现和处理干部职工在思想、纪律、作风上的苗头问题，又要敏锐发现和纠正办文、办会、办事中的重要偏差，止小防大；同样，既要及时发现和褒扬干部职工在思想、纪律、作风上的先进事迹，又要敏锐发现和推广办文、办会、办事中的突出经验，以小促大。办公室主任只有带头抓细抓小，言传身教，才能带动工作人员通过一次次、一项项、一件件地累积集聚，养成习惯，持之以恒，久久为功。

以"严"养成。一要严于律己。在监督办公室"一把手"比监督其他单位"一把手"更难的情况下，办公室主任的自我监督尤为重要。要牢记初心，不忘使命，严格自律，以身作则。在管好自己的同时，认真履行党风廉政建设第一责任人的职责。二要严守制度。建立健全办公室规章制度，并根据新的形势和要求修订、完善。办公室主任要带头执行制度，按规矩办事。举个例子，党委、政府实行秘书长领导办公室的体制，党政办公室主任在秘书长领导下开展工作。办公室主任要正确认知自己的角色，尊重秘书长，服从秘书长，该请示的要请示，该报告的要报告。这是规矩。如果自命不凡，目中无人，非特殊、紧急情况而经常跳过秘书长，大事小事直接向党委或政府主要领导汇报，这样的做法是错误的，这样的办公室主任也是当不长的。三要严格把关。把关，是办公室为领导做好服务工作的重要方面，也是改进机关作风的重要体现。比如：办文，要把住数量关、内容关、格式关；办会，不仅要把住数量关，还要把住规模关、时间关、议程关、材料关。至于自己举办或领导同志外出参加活动，办公室把关的任务更重。

以"精"养成。古人云："取乎其上，得乎其中；取乎其中，得乎其下；取乎其下，则无所得矣。"办公室的有序运转、有效服务和有力保障，源自高起点、高标准、高水平的统筹。办公室主任要把精益求精、坚持一流作为工作习惯，作为构建办公室文化、塑造办公室形象的重要内容。要强化精品意识，勇于自我挑战，不断开发潜能、优化自身，提升适应能力和工作水平。越是工作繁忙，追求越不能放松；越是任务艰巨，标准越不能降低。要以自己追求卓越、打造精品的榜样力量，带动办公室工作人员在办文、办会、办事过程中精雕细琢，谋求完美，努力把事情做到最好，做到极致。

（写于 2022 年 9 月 6 日）

附录

增强党组凝聚力 促进工作上水平

市政府办公室是市政府的综合办事机构，处于政府工作运转的"中枢"位置，肩负着参与政务、管理事务、搞好服务的重要职责。撤地设市后，市政府办公室坚持从核心问题抓起，以加强党组建设总揽全局，紧紧围绕改革、发展、稳定的大局和市委、市政府的中心工作，强化职能，优化服务，较好地实现了"省内争上游、全市创一流"的目标。

一、加强领导，发挥党组的核心作用

办公室党组成员 12 位，是市直单位党组成员最多的，多数党组成员曾经担任过部门主要负责人。为加强办公室党组建设，探索出了"内聚外放"的工作思路。"内聚"，就是在党组成员间增强凝聚力。办公室党组除每年召开两次民主生活会，开展批评与自我批评，增进成员间的了解与团结外，坚持民主集中制原则，做到办公室重大事项由党组集体研究决定，尊重成员意见，消除了可能产生的误会与分歧。"外放"，就是在办公室工作方式上探讨开放式，对外开展广泛的联谊活动，以多种渠道扩张辐射力，来增强党组的战斗力。办公室党组十分重视市直政办口党总支建设，经常听取工作汇报，积极支持总支开展丰富多彩的活动。办公室党组还十分重视群团组织建设，建立健全了办公室工会、妇联、关心下一代协会等组织，支持办公室关心下一代协会每年开展一次职工子女夏令营活动，组织工会与兄弟单位开展学习调研、联谊联欢活动，指导妇联组织女干部到外地参观考察等。通过开展健康有益、丰富多彩的活动，把干部职工紧紧团结在自身周围，使党组的核心作用得到了充分发挥。

二、强化教育，树立正确的人生信念

办公室党组坚持把思想政治工作放在首位，做到"四个转变"，实现"四个延伸"。一是推进由虚到实的转变，向多种形式的教育活动延伸。在抓好政治学习的同时，开展了一系列活动，如到省政府办公厅对口学习，参观城市重点工程建设现场，参观国有企业、个体私营企业，开展扶贫送温暖活动等，增强了感性认识，提高了学习的实效性。二是推进由短到长的转变，向经常化、制度化延伸。制定了每周三集体学习制度，经常召开各科室人员座谈会、科长座谈会、市长秘书座谈会、驾驶员座谈会、女干部座谈会和新来人员座谈会等，相互交流，及时沟通，并形成制度。三是推进由软到硬的转变，向办公室工作的各个环节延伸。把思想政治工作贯穿于办公室综合、调研、协调、督查和服务的各个方面，以思想政治工作促进各项工作的开展。四是推进由偏到全的转变，向办公室离退休干部和职工家属、子女以及政府办公室系统延伸。党组领导坚持不定期走访离退休干部和职工家庭，了解情况，征求意见。逢年过节或干部职工及其直系亲属生病住院，党组领导都亲自或安排人员及时走访慰问。每年组织离退休干部和职工家属、子女参加办公室集体活动不少于两次，每半年召开一次离退休老同志情况通报会，征求对党组工作的意见和建议，并及时改进。

三、规范制度，建立科学的运作机制

一是制定了各项工作制度和规则。对原来行署办公室的工作制度和规则进行清理，仍然适用的予以保留，过时的予以废止或修改，并根据工作需要重新制定了一批工作制度。三年来，先后制定和完善了包括岗位责任制、公文处理、议案提案、政务督查、错文公示、驾驶班管理等23项工作制度，并汇编成册。二是建立了分级负责制。办公室主任对全办思想政治工作负总责；分管主任对所分管的科室负责；科长对科室思想政治工作负责，做到一级抓一级，一级对一级负责。三是实行人员轮岗制度。三年来，先后有15名同志进行岗位交流，逐步优化了科室人员结构。

四、创新政务，培育争先的工作氛围

市政府办公室党组提出了"谋大严小"的工作要求：精心谋划大事，即为市委、政府领导出谋划策；严格管理小事，做到一丝不苟，实现"争先创优"的目标。一是在全体工作人员中开展了"学理论、学经济、学法律，比品德、比作风、比成果"的"三学三比"活动，营造一种比学赶超、积极向上的氛围。二是积极主动当高参。党组主要负责同志带头想大事、谋全局，在城市建设、法制建设等方面提出了许多有见地的观点，被《安徽日报》《皖西日报》《决策咨询》《安徽调研》《江淮法制》等报刊采用。"加强政风建设若干问题的建议""六安市城区拆迁安置办法""六安市出租车管理办法""实施双千工程"等受到市委、市政府领导的重视并被采纳。三是加强政务督查。连续三年对《政府工作报告》确定的目标任务和为民兴办的 10 件实事进行分解，实行跟踪督查，受到了市委、市政府领导的多次肯定。对人大议案、建议和政协提案的办理也实行限时办结，办结率均达到 100%，满意率达 98% 以上。四是拓宽政府与群众联系的桥梁。牵头建立了市长接待日制度，开通了市长热线电话，对市长接待事项及热线电话反映的问题，主动协调办理。认真做好群众来访接待工作，化解矛盾，为市政府领导集中精力谋全局、抓大事提供了良好的环境。

五、转变作风，构筑良好的整体形象

办公室先后制定了首问负责制、限时办事制、检查申报制、奖惩暂行规定等一系列制度，并采取多种有效措施，教育和帮助大家树立理想，陶冶情操，理顺情绪，化解矛盾，最大限度地激发干部职工爱岗敬业的热情。每年初，办公室党组专门研究制定关于实施党风廉政建设责任制的意见，使党风廉政建设与办公室整体工作紧密结合，做到同布置、同落实、同检查。办公室党组要求全办人员做到"五不准",即不准利用职权谋私利、办私事,不准借工作之便拉关系、搞人情,不准在工作中贪便宜、要好处,不准接受与执行公务有关的吃请和礼物,不准打着领导或办公室的旗号要特权、刁难群众。为进一步增强廉洁从政意识,办公室党组率先于今年(2002 年)5、6、7 三个月集中开展了公开述廉活动。党组 12 名成员在办公室全体干部职工大会上通报了自 2000 年 7 月"三讲"教育活动结束以来廉洁自律特别是廉洁从政情况,征求意见,进行整改;科级及科级以下工作人员在科内开展廉政建设座谈,并向党组书面报告了两年来廉洁自律情况及今后打算。这次公开述廉活动,由于领导率先垂范,影响很大,对全体干部职工进行了一次深刻的教育,受到了干部职工的一致好评。

(刊载于中共六安市委组织部《皖西组工》2002 年第 6 期。张正耀时任中共六安市政府党组成员、市政府秘书长,中共六安市政府办公室党组书记、办公室主任。)

建设学习型机关的实践和思考

六安市政府办公室

学习型组织理论是当今最前沿的管理理论之一，对当代管理理论和实践产生了重大影响。江泽民总书记 2001 年 5 月在亚太经合组织人力资源能力建设峰会上提出了"构筑终身教育体系，创建学习型社会"的战略思想。在党的十六大报告中，江泽民同志又郑重指出："形成全民学习、终身学习的学习型社会，促进人的全面发展"。近年来，我办围绕"省内争先进，全市创一流"的目标，以"三学（学理论、学经济、学法律）、三比（比品德、比作风、比成果）"活动为载体，努力建设学习型机关，进行了有益的探索。

一、以建设学习型机关推进办公室各项工作创新

近年来，我办坚持以人为本，把全面提高公务员队伍素质作为机关建设的重点，围绕"三学三比"，组织开展了多形式、多渠道的学习活动，初步奠定了创建"终身学习、全员学习、全程学习、团队学习"的学习型机关的基础，提升了办公室"谋大严小"（精心谋划大事，严格管理小事）的能力和水平。实践初步显示：

建设学习型机关，是全面提高办公室队伍素质的"大平台"。我办进一步完善学习制度，鼓励职工开展各种学习，先后有15名同志参加中央党校和其他高等院校的在职研究生和本科函授学习，所学专业大都是新兴实用学科；组织开展了计算机和外语培训等等。我办职工的政治素质和业务能力得到提高，特别是在理论认识、政策把握、法律理解、市情分析、外语掌握、微机操作等方面的水平有较大提高。现在，越来越多的同志认识到，学习能力的高低，就是自己素质的高低，就是自己工作能力的高低。

建设学习型机关，是优化办公室各项服务的"催化剂"。市政府办公室是市政府决策参谋部、工作督查部、形象展示部和后勤保障部。随着服务对象水平的提高和工作形势的变化，要提升办公室的服务层次，就必须使机关全体同志牢固树立"学习、学习、再学习"的理念，不断提高学习力，从而适应时代和工作要求。为此，根据工作实际，我办着力建立"内聚外放"的机制，即：对内增强凝聚力，统一思想，集中智慧，凝聚力量；对外扩大开放度，加强联络，开阔视野，大胆实践。办公室坚持把学习摆在重要位置，以学习促"内聚"，以学习促"外放"，以学习促各项服务的优化。

建设学习型机关，是推进办公室管理创新的"动力源"。学习型组织相对于等级权力控制型组织，强调依靠共同愿景和团队学习自我引导，不断挑战极限；而非依靠领导个人导向，等待领导的决策和调动。我们正是通过不断学习，在管理学家们提出的"自我超越、改善心智模式、建立共同愿景、团体学习、系统思考"五项修养中，着力使办公室全体成员拥有共同的理想信念、共同的科学态度、共同的目标追求、共同的交流融合、共同的民主作风，从而推进了办公室的各项管理工作。在思想政治工作方面，努力实现"四个转变、四个延伸"，这就是：由虚到实的转变，向多种形式的教育活动延伸；由短到长的转变，向经常化、制度化延伸；由软到硬的转变，向办公室工作各个环节延伸；由偏到全的转变，向办公室离退休干部和职工家属、子女延伸。在制度建设方面，制定和完善包括岗位责任制、公文处理、议案提案办理、政务督查、错文公示、驾驶班管理等 23 项工作制度，逐步建立一整套较为快捷高效的运作机制。在作风建设方面，先后制定限时办事制、检查申报制、奖惩规定等，在职工中形成一种严谨、务实、创新、争先的作风，办公室连续几年在目标管理和机关作风建设等方面被评为市先进单位。

二、在建设学习型机关中从基础性工作入手，突出重点，讲究实效

学习型机关以学习为动力，以共同理想为目标，把学习、工作、生活融为一体，通过提升机关人员的综合素质和创新力，来实现办公室工作的不断创新与发展。这是一项长期任务。在实际工作中，我们注重从基础性工作抓起，突出重点，循序渐进。

1. **加强宣传和发动，树立新的学习理念**。在建设学习型机关过程中，首先要引导职工树立与时俱进的学习理念，尤其要从单纯获取知识的学习提升到追求创造、创新、创业性学习，从个人的学习提升到团队的学习，从阶段性学习提升到终身性学习。我办长期以来把机关学习摆在突出位置，以学习为抓手来推动各项工作，从而在办公室形成了一种重学、好学、敬学、比学之风。有些同志虽然

年龄较大，甚至接近退休，但仍然好学不止，经常在报刊发表文章。目前，在办公室一部分同志中，学习已成为工作、生活中至关重要的因素。

2. **设计载体，增强实效**。精心设计多层次、宽领域、有特色的载体，吸引机关全体同志积极参与，不断增强学习的群众性、实效性和感召力、吸引力，是建设学习型机关的重要途径。自2001年开始，我办开展"三学三比"活动，每年都制订具体的实施方案，"三学"的内容不断更新，"三比"的内容也不断细化——比品德，细化为比宗旨意识、比全局观念、比道德修养；比作风，细化为比纪律、比效率、比严谨；比成果，细化为比业绩、比精品、比创新。同时，通过定期或不定期召开报告会、讨论会、科室座谈会、工作论坛、发表文章、开辟学习墙报等多种形式来改变传统的学习模式，提升学习效果。

3. **循序渐进，推动机关学习不断向纵深发展**。建立学习型机关是一个动态的长期过程，不可能一蹴而就。要坚持循序渐进的原则，稳步推进。要正确处理个人学习与团体学习的关系。个人学习是团体学习的基础，团体学习是个人学习的延伸和提高。因此，我办注重从个人学习这个基础工作入手，推进团队学习，鼓励个人参加各种学习培训活动。撤地建市三年来，我办有近百人次参加了各类培训活动，人均两次以上。现在，机关同志根据个人的目标和兴趣爱好自发学习，已蔚然成风。

4. **健全制度，为学习型机关的建立提供保证**。人都有惰性，在没有压力的环境下，人的进取心会渐渐被惰性所替代。在创建学习型机关的过程中，要特别重视制度约束的作用。我办建立了学习制度，并制定了督查和考核的具体办法。同时，建立了相应的激励机制，对参加各种学习活动的，时间上给保证，经费上给支持，办公室在经费十分困难的情况下，对职工的各种学习费用给予一定的补助。2003 年春节，办公室挤出经费向每位职工赠阅一套电子图书。

三、积极探索建设学习型机关的新机制

建设学习型机关是人们进入信息化社会的新事物，没有固定的模式，必须以探索和创新的精神来开展工作。

1. **领导同志带头学习，以"带"促学**。学习型的机关，需要有学习型的领导。在创建学习型机关工作中，领导班子成员要率先垂范，把学习当作一种修养、一种觉悟、一种境界，塑造学习型的领导班子和学习型领导干部形象。近几年来，我办主要负责同志带头参加中央党校研究生班等学习，带头撰写学习体会和调研文章，先后在《安徽日报》《皖西日报》《决策咨询》《安徽调研》《江淮法治》等报刊发表多篇有价值的文章，有的文章受到省领导的重视。在领导的带动下，办公室正在营造良好的学习之风。

2. **坚持理论联系实际，以"用"促学**。学习的生命来源于实践，蕴藏于运用。在实践中发挥作用，才叫有"学习力"。建设学习型机关，必须切合机关工作实际，涵盖干部职工的共同价值观，体现其共同追求。我办倡导机关干部结合工作职能，把学习与运用结合起来，善于运用所学知识来分析问题，提高运用理论解决实际问题的能力。在组织学习的同时，政府各位秘书长、办公室各位主任带着课题，分别组织干部职工深入基层，深入工厂、农村，开展调查

研究及有关社会活动，使办公室政务服务水平明显提高。三年来，我办形成调研成果80余篇，在政风建设、城市建设、出租车管理、农村"双千"工程（挖千口大塘、打千眼深井）及招商引资政策等方面的建议受到了市委、市政府领导的重视，有的直接转化为市政府的决策。

3. 推进机关工作创新，以"导"促学。学习型机关的根本特点，是整个机关的所有层次都在思考，而不是只有主要领导在思考。在学习型机关中，领导不是通过控制机能将人们往正确方向推，而是通过满足机关工作人员的基本需要来达到目的，即满足人们的成就感、归属感、自尊感，让他们觉得自己得到认可，能掌握自己的命运，实现自己的理想。办公室工作创新的基础在科室，我们把能不能改革创新放在科室工作的重要位置来衡量，作为科长的第一位任务。我办举办了"怎样当好科长"的论坛，引导各科室负责人创造性地开展工作。与此同时，我办全面推进机关的制度化和规范化建设，着力在机关营造一个工作规范顺心、人际关系和谐的环境，机关同志以室为家、以科为家，学习和工作的热情不断增长。

4. 加强检查与考评，以"督"促学。学习型机关的重要特点，就是把学习纳入考评工作的重要内容。我办在"三学三比"活动中，制订考评表，开展自评、互评以及通过抽查等渠道进行综合评定。对年度评为优秀等次的，给予通报表彰，并作为优秀公务员和申报市直机关先进个人的主要依据；对被评为一般等次的，由分管主任进行个别谈话，指出不足；被评为较差等次的，责令检查，限期整改。

（刊载于2002年8月19日《皖西日报》）

优化环境　加快发展

——市政府秘书长张正耀就我市整治和改善经济发展环境有关问题答记者问

5月18日，市委、市政府印发了《关于整治和改善经济发展环境的实施方案》（六发〔2002〕11号），要求全市各级党委、政府和各级各部门认真贯彻实施。日前，本报记者就我市整治和改善经济发展环境的有关问题采访了市政府秘书长、市整治和改善经济发展环境联席会议办公室主任张正耀。

问：这次全市整治和改善经济发展环境的目标是什么？

答：以邓小平理论和江泽民同志"三个代表"重要思想为指导，以"加快发展、富民强市"为主题，以解放思想大讨论为动力，以市县（区）行政管理、执法部门和窗口行业为重点，以建设规范、透明的法制和政策环境，廉洁、高效的政务环境，统一开放、公平竞争的市场环境，文明、安定的人文环境以及较为完善、配套的硬环境为目标。通过集中整治，突出解决群众、企业和投资者反映强烈的热点问题，进一步扩大开放，促进全市经济发展环境明显改善。

问：这次集中整治工作的重点有哪些?

答：主要是六个方面的内容:

一是关于行政审批。通过这次整治，赋予基层和企业更大的决策权；对全市现行的各类审批项目进行全面清理；加强市行政服务中心建设，简化行政审批手续，提高行政审批效率。

二是关于行政收费。进一步清理和规范行政事业性收费；围绕农村税费改革，不断完善涉农收费公示制度；认真开展专项检查，制止各类乱收费行为；深化"收支两条线"管理改革。

三是关于行政执法。做好建国以来规范性文件清理工作；认真抓好行政执法监督；建立健全投资者投诉受理网络；规范各类中介组织。

四是关于市场经济秩序。在巩固上年整顿和规范市场经济秩序成果的基础上，今年重点做好四项工作：（1）针对那些社会危害大、严重影响群众健康、安全的产品，集中进行专项打假治劣。（2）继续抓好建筑市场、交通运输市场、文化市场、集贸市场、成品油市场和企业周边环境等专项整治工作。（3）严格规范和执行招投标制度，尽快制订和完善招投标实施办法和评分细则，规范招投标程序。（4）进一步整顿和规范金融秩序和信用环境。

五是关于政风建设。全面推行政务公开和服务承诺制；严格控制行政责任状的签订；建立政府系统检查申报制度；继续开展政风评议活动；广泛开展创建人民满意的基层站所活动；切实抓好窗口行业和单位的行风建设。

六是关于社会治安。深入抓好"严打"整治斗争，始终对各类犯罪分子保持高压态势。严厉打击各类刑事犯罪和各种经济犯罪，重点打击带有黑社会性质的黑恶势力，为公众、企业和投资者保持一个良好的社会环境。

对上述六个方面的每一项工作，市委、市政府都明确了牵头单位和责任单位，以保证集中整治工作落到实处。

问：这次集中整治中，市委、市政府已做了哪些工作，还将采取哪些措施？

答：省委、省政府《关于整治和改善经济发展环境的实施意见》文件下发后，我市积极行动，认真学习贯彻，落实工作措施，开展了一系列工作。

一是加强领导，制定实施方案。市委、市政府建立了全市整治和改善经济发展环境联席会议制度，负责全市集中整治活动的指导和协调工作。在广泛调研和征求意见的基础上，市委、市政府出台了《关于整治和改善全市经济发展环境的实施方案》，对集中整治工作进行了全面部署。

二是制定出台了一批相关制度。经市政府常务会议研究同意，市政府已出台了办文办事限时制和检查申报制度。另外，招标投标管理办法不久也将出台。

三是开展了一系列整治工作。在开展面上工作的同时，市委、市政府还组织开展了一系列重点工作，比如市委、市政府主要负责人先后到市行政服务中心现场调研，到市经济技术开发区现场办公；市政府还建立了政务公开栏。

为确保这次整治工作取得预期效果，市委、市政府将从以下三个方面加大力度：

第一，加强宣传，营造整治和改善经济发展环境的浓烈氛围。结合正在进行的"解放思想、加快发展"大讨论，广泛深入开展整治和改善经济发展环境的宣传教育，重点解决认识问题，从思想观念上为整治和改善经济发展环境扫除障碍，激发精神动力。

第二，加强领导，建立健全责任机制。这次整治工作实行一把手负责制，县区和各部门的主要负责同志对职责范围内的整治工作负总责。有关部门的目标任务分解到基层，责任到人，落实责任制。同时，市委、市政府已决定，将整治和改善经济发展环境工作列入全市今年的目标管理，年终一并考核，兑现奖惩。

第三，强化监督，确保各项整治工作落到实处。这次整治工作实行明查和暗访相结合，以暗访为主，定期督查与不定期抽查相结合，以抽查为主。加强法制监督、民主监督和舆论监督，自觉接受社会监督。

整治和改善经济发展环境，事关对外开放、对内搞活的经济发展大局。市委、市政府要求：各级党委、政府和各级各部门必须站在实践"三个代表"重要思想的高度，着眼于"加快发展、富民强市"的实现，从解决经济发展中人们最不满意的问题抓起，加大整治力度，真正将整治和改善经济环境的各项措施落到实处，务求年内取得阶段性成效，务求经济环境明显改善。

（刊载于 2000 年 6 月 1 日《皖西日报》）

深入推进"三型机关"创建
大力提高机关服务效能

——访市委常委、市委秘书长张正耀

今年（2005 年）是开展创建"三型机关"活动的第二年，市直创建"三型机关"领导组于年初就发文把"机关效能建设"作为今年创建工作的重点，提出在市直机关开展"保持共产党员先进性、提高机关服务效能"主题活动。在当前怎样以提高机关服务效能为重点推进"三型机关"创建工作，以"三型机关"创建工作巩固和扩大先进性教育成果？本报记者就此采访了市委常委、市委秘书长、市直创建"三型机关"领导组组长张正耀。

记者：您在市直先进性教育第三次观摩会上提出"深入推进'三型机关'创建，大力提高机关服务效能"的意见。那么机关服务效能的含义是什么？

张正耀：所谓机关服务效能，就是各级机关及其工作人员等服务主体对领导、基层、企业和群众等服务客体所提供的服务效率和服务能力。就我们市直而言，这里的服务主体，具体包括：市委机关、市人大常委会机关、市政府机关、市政协机关、市审判机关、市检察机关、市人民团体以及市直具有行政管理职能的单位及其工作人员。机关服务效能建设是管理科学的重要组成部分，是一种高层次的管理形式和载体，是以效能为基本目标，以实现优质高效服务为目的，把管理的诸要素有机结合在一起，依法履行职责的管理活动。

记者：请问为什么今年市直创建"三型机关"领导组提出把强化机关服务效能建设作为创建工作的重中之重来抓？

张正耀：第一，是发挥市直机关职能作用的内在要求。市直机关作为全市政治、经济、文化和社会生活的组织者、管理者，担负着有效管理社会、促进经济发展、构建和谐社会的重任，其基本职能就是为全市三个文明的协调发展服务、为改革发展稳定服务、为基层和群众服务。在创建"三型机关"中，把提高机关服务效能作为工作重点，是发挥市直机关职能作用的内在要求，其目的就是使机关更好地按照市场经济发展的要求来规范服务程序，提高服务效率，提升服务质量，增强服务能力，从而有效地履行职责、发挥作用。

第二，是我市实现"三大跨越"、全面建设小康六安的迫切需要。在年初的市二次党代会、人代会上，市委、市政府提出了未来五年奋力实现"三大跨越"、加速推进全面建设小康六安的战略决策。各级领导机关服务效能怎样、作风如何，直接关系到这一战略决策的落实。市直机关更应积极响应，在提高机关服务效能上率先垂范。

第三，是创建"三型机关"活动的主要目标。《市直创建"三型机关"活动方案》指出，创建学习型、服务型、创新型机关，要以建设学习型机关为基础，以建设服务型机关为宗旨，以建设创新型机关为动力。我们从中可以看出，提高机关服务效能，是创建"三型机关"活动的主要目标之一，我们必须紧盯这一目标，实现这一目标。

第四，是改善投资环境的重要举措。最近，市委、市政府主要负责同志都强调，要通过先进性教育和"三型机关"创建活动的深入开展，进一步改善投资环境。从此次先进性教育活动征求到的意见看，市直机关反映最多最集中的意见是投资环境不优的问题。投资环境不优的根本原因，是机关服务效能低。市委常委先进性教育整改方案，已将大力提高机关服务效能列入其中，作为整改措施之一。当前，我市正在掀起扩大招商引资的新高潮，投资环境的优劣直接影响着外商投资的信心和决心，影响到市委、市政府招商引资主战略的进一步实施。我们要认真贯彻落实市委、市政府的部署，大力提高机关服务效能，进一步改善投资环境。提高机关服务效能，既是一项加强机关作风建设、领导班子建设和干部队伍建设、推进机关工作的"牛鼻子工程"，也是一项加快六安经济社会发展的"基础工程"，更是一项改善投资环境，得民心、顺民意的"民心工程"。

记者：提高机关服务效能对于实现"三大跨越"、建设小康六安具有重要的意义。那么，当前我们如何切实抓好这项工作？

张正耀：最近，市直创建"三型机关"领导组召开会议，重点就提高机关服务效能作了研究，并发出了《关于在"三型机关"创建活动中切实加强机关服务效能建设的意见》。这里，我重点说几个问题。

第一，明确总体要求和目标，找准提高机关服务效能的努力方向。加强机关服务效能建设的总体要求是：以素质提高、服务提优、效率提速为目的，以创建"三型机关"、规范机关行为、改进工作作风为着力点，以切实解决机关服务效能中存在的突出问题为重点，以既对事又对人、奖优罚劣为突破口，努力形成行为规范、运转协调、公开透明、廉洁高效的机关管理体制和运行机制，为推动全市经济和社会事业持续快速健康发展营造良好的发展环境。加强机关服务效能建设的工作目标是：树立"透明机关"形象，坚持公开、公平、公正，深入推进政务公开；树立"诚信机关"形象，坚持言必信、行必果，保证政策的连续性，落实好部门服务承诺制；树立"高效机关"形象，加大首问负责、办文办事限时等制度执行力度，真诚主动、及时地为企业、为基层、为群众服务；树立"规范机关"形象，做到制度健全、职责到位，从"越位"的地方"退位"，从"错位"的地方"正位"，从"缺位"的地方"补位"，努力打造"三型机关"。市直各部门、各单位要结合自己的实际，提出具体的目标要求，找准提高机关服务效能的努力方向，全力做好提高机关服务效能的工作。

第二，把握重点，大胆创新，积极探索提高机关服务效能的有效途径。提高机关服务效能，必须全面推进，把握重点，注重实效，大胆创新。要加强对机关干部职工的思想教育，使"服务至上""人民利益无小事"的理念成为机关干部职工共同的价值取向和行为规范。要提高服务效率，坚持有所为、有所不为，深化行政审批制度改革，简化办事程序，加强电子政务建设，认真执行岗位责任、服务承诺、首问负责、限时办结等制度。大力精简会议、文件、简报，减少和压缩迎来送往等应酬活动，坚决把好发文关，严格控制各种检查评比、达标活动，严禁各种形式乱摊派、乱罚款、乱收费行为。要坚持为民服务，密切联系群众，深入调查研究，倾听群众呼声，认真解决关系群众切身利益的问题。坚持解决突出问题，在继续解决"门难进、脸难看、事难办"等机关共性和本单位个性问题的同时，着力解决群众反映强烈的问题，尤其是要把公车私用（包括用公车接送孩子上学）、公款大吃大喝、公款钓鱼，工作日午间饮酒，上班时间擅离岗位职守及网上聊天、玩电脑游戏、炒股，办事、办证"吃、拿、卡、要"，参与赌博等，作为突出的具体问题来解决。要加强廉政建设，深入推进政务公开，杜绝"暗箱操作"；坚持依法办事，规范机关及其工作人员的行为；坚持高尚的精神追求，培养高尚的道德情操，养成良好的生活作风，严格执行关于"廉政"建设的各项规定，自觉反腐倡廉、拒腐防变。要提升干部职工队伍的服务效能，努力打造一支政治上靠得住、工作上有本事，适应现代效能机关要求的干部队伍，充分发挥干部职工做好服务工作的主动性、积极性和创造性。总之，要在"精简""务实"上下功夫，树立效能作风；在"教育""监督"上下功夫，建立效能机制；在"建章""立制"上下功夫，规范效能流程；在"勤政""廉政"上下功夫，建设效能机关。

第三，加强机关党建，认真做好机关服务效能建设中的组织领导和统筹协调工作。6 月 14 日，市级领导班子秘书长联席会议重点研讨了如何带头提高市领导班子机关的服务效能问题，要求市几个班子的办公室在服务效能建设中发挥好带头、示范作用。市直各部门、各单位都要把机关服务效能建设摆上重要位置，一把手亲自抓，其他领导按分工具体抓。要进一步加强机关党的思想、组织、作风和制度建设，夯实机关基层党组织基础，充分发挥市直机关党组织在提高机关服务效能中的作用。市直各部门服务效能建设的方案、措施、进展及重大活动情况，请及时报送市直创建"三型机关"领导组办公室。当前，各宣传媒体要加大创建"三型机关"宣传力度，有意识、有目的地把"三型机关"创建活动的重点引导到提高机关服务效能上来，通过正面宣传、舆论监督等方式，促进提高机关服务效能扎实有效地开展。

（刊载于 2005 年 7 月 6 日《皖西日报》）

情系档案的市委秘书长张正耀

　　2003 年，中共六安市委常委、市委秘书长张正耀分管档案工作以来，坚持从调研入手，发现和解决问题，以促进全市档案事业的可持续发展。四年来，他先后深入全市五县四区（含六安开发区、叶集试验区）档案馆和市直部分单位、县区及乡镇机关进行档案工作专题调研，实地察看馆库和业务建设情况，并召集当地党政领导和档案工作者进行座谈，共商档案事业发展大计，指导并帮助解决档案工作的一些实际问题，有效地促进了全市档案事业的和谐发展。

　　档案馆是档案事业发展的主体，其基础建设直接关系档案事业能否健康发展。2004 年和 2005 年，张正耀秘书长先后深入舒城、霍邱、寿县、霍山、金寨五县调研档案工作。在调研中，张正耀深有感触地说，档案最真实地保存了历史，是十分宝贵的信息资源。档案工作是党委、政府的一项重要基础性工作。做好档案工作，发挥档案作用，是各级党委、政府的重要职责，也是全社会的共同任务。各级党政领导一定要千方百计地为档案事业发展创造条件，帮助解决实际困难，以真正发挥档案在全面建设小康六安进程中重要而独特的作用。

　　近年来，六安市各县档案部门在当地党政领导的关心重视下，

286

因地制宜地开展了富有成效的工作。舒城县政府筹资 20 万元为县档案馆安装了密集架。寿县党委、政府克服财政困难，拨专款为县档案馆添置了现代化管护设备，并更换了档案装具。经过一年多艰苦工作，2005 年底，寿县档案馆顺利晋升为省一级馆。霍邱、霍山、金寨三县档案管护条件也得到根本改善，霍邱、霍山新档案馆建设也已立项。全市档案基础设施建设整体上了一个新台阶。

立馆在于资源，资源在于特色。张正耀秘书长在调研时一再强调档案资源建设的重要性和紧迫性，指出要以科学发展观统领档案工作，树立"大档案"观念，积极拓展档案资料的征集和服务领域，科学整合档案信息资源，开发和利用好反映区域经济和文化特点的特色档案。

近年来，霍山县档案馆针对该县红色旅游和绿色生态特点，组织编写了本县《县名及乡镇由来》和《旅游景点介绍》等档案参考材料，并将"规划建设档案馆、电子文件中心筹建工程"作为"文化霍山"建设"十一五"目标内容。金寨县档案馆在县行政服务中心建立文件管理中心，各单位在报送纸质文件的同时，报送电子数据，实现了文档一体化管理；为党和政府落实库区移民扶持政策提供档案依据，2006 年仅此一项就接待利用 2000 多人次，提供档案 2500 卷（件）。

2006 年，以全面整合国家档案资源、提升巩固档案馆主体地位为主要内容的档案管理模式改革，为全市档案事业发展带来了难得的机遇。在"模改"深入推进之际，2006 年和今年（2007 年）上半年，张正耀秘书长先后到六安市开发区、叶集试验区和裕安区、金安区调研档案工作。他强调指出，一定要抓住档案管理模式改革的有利时机，着力加强区综合档案馆（室）各项建设；要建立权责明确、规范有序的档案管理新体系和归属明晰、流向合理的档案收集管用的长效机制。2006 年 8 月，张正耀在寿县主持召开了全市档案管理模式改革汇报会，有力地推动了全市"模改"向纵深发展。市委、市政府两办印发了《六安市行政中心机关档案管理办法》。市档案局建立了机关文件管理中心。金安区 2500 平方米的新档案馆建成使用。舒城县档案馆接收专业档案 32 万卷（件），馆藏量增长了 4/5 倍，馆藏专业档案与文书档案结构比例由原来的 1：5 变为 6：1。寿县档案馆于 2006 年 7 月为未参保集体企业退休人员办理最低生活保障提供查阅档案服务，日接待量最高达到 483 人次，创下全省之最。

机关档案工作是档案事业发展的重要基础，做好机关档案工作，才能保证应移交档案馆的国家档案资源的齐全完整，才能为机关工作和人民群众提供优质、高效的服务。2004 年，张正耀第一次调研档案工作，即选择到刚刚荣获全国档案工作优秀集体的市工商局机关档案室，以典型引路，因势利导，整体推动。2004 年、2005 年，张秘书长连续两年主持召开全市档案工作会议和市直档案工作座谈会，研究部署机关档案工作。2005 年，市委办和市政府办联发了《关于进一步做好市直单位档案工作的通知》。近年来，市直单位档案工作意识显著增强，对档案工作的投入明显加大，业务建设水平不断提高，每年都有十几家机关档案工作目标管理达到省一级先进。

几年来，张正耀秘书长每到一处，都充分肯定档案人员默默无闻、扎根岗位的奉献精神，并仔细询问档案干部的工作和生活情况。

在霍山县，当他得知档案人员长期接触有毒有害物质，国家早有明文规定给予岗位津贴时，当即要求县领导想法解决。目前大部分县区档案人员都已兑现了岗位津贴。在霍邱县，他看到县档案馆仅有3人办公，人员严重不足，影响档案事业的发展，立即要求县领导设法解决。这几年，霍邱县档案局通过招考、调任等方式，公开选拔了6名工作人员（含1名副局长）。其他县区档案部门也充实了档案干部队伍。

今年上半年，市委在市档案局内部提拔两名同志担任副局级领导职务。档案干部队伍素质得以提高，人员结构趋向优化，极大地调动了档案干部的工作积极性和创造性。六安市档案局连续三年被评为市直创建"三型机关"先进或标兵单位、"政风行风万人评"先进单位，并获得全省档案工作"突出进步奖"。

（安徽省档案局《安徽档案》2007年第4期"领导与档案工作"专栏报道，作者陈若鲁。）

探索关口前移　实施主动预防

马鞍山市纪委　监察局

2008 年以来，安徽省马鞍山市主动适应反腐倡廉形势任务的发展需要，着眼于主动预防，着眼于关口前移，着眼于保护挽救，以促进党员领导干部廉洁自律、廉洁从政为目标，综合运用教育、制度、监督措施，在全市建立了领导干部廉洁自律预警机制，开展了行政权力规范运行预警机制试点工作，取得了初步成效。

一、以"三项制度"为主体，建立领导干部廉洁自律预警机制

2008 年 9 月，我市在充分调研论证的基础上，探索制定针对解决领导干部廉洁自律问题的预警机制系列制度，通过实施谈话函询、警示诚勉、责令纠错三种预警制度，及时发现问题，有效纠正错误，建立起融提醒防范、动态监督和保护挽救于一体的领导干部廉洁自律预警机制。通过信访举报、案件查处、民主评议、专项检查、党风廉政建设责任制考核等方面所掌握的线索，对发现的党员领导干部苗头性、倾向性的不廉洁问题，根据问题的严重性和危害

性，按照分级管理和分级负责的原则，分别采取谈话函询、警示诫勉、责令纠错三种形式，实施预警处置，及时提醒、要求并监督有关部门单位和党员干部制定整改措施，纠正不当行为。对反映苗头性、倾向性不廉洁问题的来信来访、社会舆论与群众意见需要了解澄清的，实施谈话函询；对事实清楚、情节轻微、没有造成严重后果的行为，实施警示诫勉；对已经造成错误事实，构成轻微违规违纪，按照有关规定可不予以处分的不廉洁问题，实施责令纠错。截至目前，全市共组织实施预警 360 人次，其中，谈话函询 120 人次、警示诫勉 166 人次、责令纠错 74 人次。这项工作受到中央纪委、国家预防腐败局及省纪委的肯定，也得到了全市广大领导干部的真诚拥护和自觉支持。2009 年，领导干部廉洁自律预警机制被评为安徽省"反腐倡廉好制度"一等奖。主要采取了以下四项具体措施：

一是建立完善制度。市委、市政府及两办分别出台了《关于建立领导干部廉洁自律预警机制的意见》及《实施办法》；市纪委、监察局下发了《实施细则》，制定了预警机制联席会议制度、统计分析制度等配套制度，初步形成了较为完整的预警工作制度体系。

二是加强宣传发动。以新闻发布会的形式，通过省市新闻媒体向社会宣传预警工作的主要内涵、目的意义、基本制度和方式方法；召开全市领导干部大会、市委党校处干班和青干班学习座谈会等，广泛宣传发动，统一思想认识，营造工作氛围。

三是加强线索收集。通过组织、人事、财政、审计、信访等部门及其他监督机关，多渠道拓宽预警线索收集渠道。发挥纪委委员和党风党纪监督员、特邀监察员的监督作用，及时搜集预警信息。制定市纪委监察局信访举报、查办案件移送预警线索暂行办法，及时发现和掌握预警线索。

四是实行规范操作。在操作程序上，以制度规定预警谈话的特定形式和程序，明确预警谈话区别于一般谈话，纠正错误带有强制性。严格区别预警和办案，对属于案件线索的不实施预警，对实施预警过程中发现的案件线索及时移送，杜绝以警代处、以警代案。在对象的确定上，明确预警的主要对象是各级领导干部。在谈话的实施上，明确预警谈话按照干部管理权限，由党委（党组）负责人或纪检监察机关负责人实施。目前，对县处级领导干部的预警，均由市纪委书记、副书记主谈。注重讲究方式方法，在预警通知的方式、预警时间和地点安排等方面，尽可能从预警对象的角度出发，采取当事人易于接受的方式，让他们真切地感受到组织上的关心和爱护。在监督整改上，严格规定预警整改的期限，加强跟踪回访。对问题没有说明清楚的，或者思想认识不到位的，针对相同问题进行复谈，针对不同的问题进行再谈，切实达到预警效果。在结果的运用上，加强与组织人事部门协调配合，在整改期限内，预警对象不得评先评优、暂缓提拔使用。

二、以"三个系统"为框架，开展行政权力规范运行预警机制试点工作

2010年10月，市委、市政府进一步拓展反腐倡廉建设领域，启动建立行政权力规范运行预警机制试点工作，确定当涂县、市财政局、市人社局等23个部门单位（县处级单位10个、乡科级单位13个）为试点，把监控管理行政权力运行中潜在的廉政风险作为工

作重点，通过建立风险防范、监控管理和效责处置三个系统，积极探索有效预防腐败的新机制、新途径、新方法。

（一）建立风险防范系统，曝光权力风险

一是坚持"依法不依例"，开出权力清单。各试点单位依据现行法律、法规及"三定"方案，清理审核本单位职权，分类登记职权目录，逐一绘制权力运行流程图，利用单位门户网站和市政府信息公开网站等媒介对外公布。截至目前，共清理确认包括行政审批、行政处罚等8大类2608项行政执法职权，以及行政决策、行政管理等8大类352项内部管理职权，并使各项权力做到"运行有程序、程序有控制、控制有标准"。二是本着"对事不对人"，排查廉政风险。明确排查的对象是权力运行中的廉政风险，明确排查的目的是避免廉政风险演变为腐败问题。建立"自己找、领导提、群众帮、集体定"等排查模式，采取全员发动相互查、对照岗位认真查、条块结合全面查、领导带头深入查等措施，全面排查岗位职责、制度机制、业务流程等方面的廉政风险。23个试点单位共查找出风险点7850个，其中，单位风险点1194个、科室风险点1911个、个人风险点4745个。三是按照"就高不就低"，确定风险等级。以"危害按最重的程度把关、风险用最高的层级衡量、预警从最快的速度实施"，对排查出的风险点逐一评估、确定等级，共评估确认一级风险点2649个、二级风险点3079个、三级风险点2122个。四是强调"宜细不宜粗"，制定防范措施。围绕各类风险点和风险等级，试点单位党委（党组）、科室主要负责人及相关个人，有针对性地制定了较为细致具体的防控措施共1万多条。同时，把实行个人廉政

承诺和落实分管领导廉政责任，作为廉政风险防范管理工作的重要
措施。

（二）建立监控管理系统，前置监督关口

一是多渠道、多形式实行权力运行公开。充分发挥报刊、广播、
电视等媒体公开作用，强化政府网站、政府公报、政务公开栏、办
事指南、短信平台、数字电视等宣传载体功能，完善政府新闻发布
会、公共信息查阅服务、群众旁听有关会议等公开制度，加强行政
服务体系建设，积极推进政务公开透明。二是加快电子监察系统建
设步伐。重新规划、设计、建设全市统一的电子监察系统，着力构
建网络监督与权力监督的对接机制，逐步实现行政权力网上运行、
网上监督、网上受理举报投诉、网上效能监察、网上民主评议、网
上绩效考核。三是加强对"三重一大"（重大事项决策、重要干部
任免、重大项目投资决策、大额资金使用）决策监控。重点监控"三
重一大"决策的程序是否规范健全，决策的内容是否与党纪政纪条
规和反腐倡廉制度规定相抵触，决策的执行是否会对党员干部廉洁
从政意识、廉洁从政行为和作风建设产生不良影响等。四是形成和
发挥监督合力。围绕党委政府的重大决策部署、政府投资重点项目
建设、工程建设领域以及损害群众利益的突出问题等开展执法监察；
围绕招商引资、项目建设、征迁拆违、土地整治等重点工作开展效
能监察；建立市纪委监察局领导班子成员约谈试点单位负责人制度；
建立一级廉政风险信访举报初核制度。进一步完善纪检、组织、检
察、监察、人事、审计等机关部门的联系制度，定期召开联席会议，
形成监督合力。

（三）建立效责处置系统，实行主动预防

一是发挥三项预警制度的有效作用。从我市 2008 年以来实施领导干部廉洁自律预警工作的实践来看，谈话函询、警示诫勉、责令纠错三项基本制度具有很强的针对性和可操作性，适时采取这三项制度，在党员干部出现苗头性问题时，通过打招呼、早提醒，督促党员干部廉洁从政；对于有轻微违纪行为，群众有反映的党员干部，采取批评教育、诫勉谈话、责令整改等多种方式予以纠正，做到没有问题早防范，有了问题早发现，一般问题早纠正，把腐败迹象消除在萌芽状态，避免严重违纪违法行为的发生。二是与效能作风建设密切结合。建立完善考核问效制度，围绕行政权力运行全过程，突出行政权力运行前、运行中、运行后的重点环节和部位，重点考核行政权力运行风险管理和监控管理工作、行政权力运行效能和质量等内容。评议考核结果，作为对部门单位年度考核和落实党风廉政建设责任制考核的重要依据。三是实施责任追究。对权力运行过程中出现符合《关于实行党政领导干部问责的暂行规定》所列的有关问题，严格实行问责，严肃追究责任单位和相关人员的责任。对行政权力运行过程中发现的严重违纪违规问题，坚决依纪依法立案查处，严肃追究相关人员党纪政纪乃至法律责任。

目前，我市在总结试点工作经验的基础上，将此项工作在全市党政机关中全面推开，逐步实现公共权力规范运行预警机制和领导干部廉洁自律预警机制"双线"并行。

（本文是 2011 年 8 月 30 日在中央纪委召开的全国加强廉政风险防控规范权力运行现场会上的经验交流材料。时任中央政治局常委、中央纪委书记贺国强对大会交流的材料给予充分肯定，指出："这些经验材料，内容丰富、特色鲜明、联系实际，从不同角度展示了近年来廉政风险防控工作的成果，具有重要的示范和借鉴意义。"在此之前，2010年7月28日，全省反腐倡廉创新经验交流会在马鞍山召开，中共马鞍山市委常委、市纪委书记张正耀在大会上作重点交流发言，题为《坚持关口前移预防在先 探索建立领导干部廉洁自律预警机制》。《中国纪检监察报》"防线"周刊特别策划，2011年10月18日以整版篇幅深度报道《事前预防 事中监控 事后处置——马鞍山：预警风险层层设防》；2012年7月17日，再次以整版篇幅报道马鞍山公共权力规范运行预警机制做法:《透视廉政风险防控》。)

安徽纪检监察系统
19 位新闻发言人集体亮相

4 月 17 日上午，在安徽省纪委和省委外宣办共同召开的新闻发布会上，省纪委新闻发言人和来自 16 个省辖市纪委、2 个直管试点县纪委的新闻发言人集体亮相。在观摩省纪委常委、秘书长、新闻发言人张正耀对全省廉政风险防控工作的新闻发布后，大家座谈交流新闻发布技巧。这是该省为加强纪检监察系统新闻发言人队伍建设而采取的一项举措。

近年来，安徽省各级纪检监察机关不断健全新闻发布工作机制，拓宽新闻发布渠道，大力宣传党的反腐倡廉方针政策，及时发布反腐倡廉工作成果，积极回应社会关切，认真做好反腐倡廉突发事件的新闻发布和舆论引导，建立和完善了新闻发言人制度，明确了新闻发言人和发布内容。该省纪委、监察厅明确，对于全省反腐倡廉重点工作、人民群众关注的反腐倡廉建设热点焦点问题、重大案件的情况通报等，各级纪检监察机关应当根据相关工作进展情况和新闻单位的要求，不定期举行新闻发布会，为反腐倡廉建设营造良好的舆论氛围。

座谈会上，大家紧紧围绕反腐倡廉新闻发布及对外宣传工作、新闻传播规律、网络信息传播及舆论引导、新闻发言人工作方法、突发事件新闻发布策略等方面进行了交流，进一步加深了对新闻工作规律的认识。大家表示，今后要更加扎实地做好反腐倡廉新闻发布工作，积极反映群众呼声，妥善回应社会关切，为推进全省反腐倡廉建设提供有力的舆论支持，为党的十八大胜利召开营造良好的舆论氛围。

（刊载于《中国纪检监察报》2012 年 4 月 18 日第 1 版，记者缪黎明、韩贺彬。）

朴实而深刻　严谨而洒脱

——《以学领践　以践促学》读后

张正耀所作的《以学领践　以践促学——在工作实践中学习的汇报》一书，已由黄山书社出版发行。

学习与实践，是一对相辅相生的孪生兄弟。如何处理学习与实践的关系，是任何一个党员干部、任何一名工作人员都会遇到的课题。书名中的"以践领学，以学促践"两句话，准确地揭示了学习与实践的相互关系及其作用，深刻地反映了作者处置学习与实践课题的方法和体会。我搜索了一下浏览器，没有找到"以践领学，以学促践"这两句话，这可能是作者的原创。

作者以《在实践中学习》一文为全书开篇。这篇文章，首先解析了实践的四种含义——学习的对象、途径、场所、目的，说明"在实践中学习，是重要的学习方式"。然后，阐述三个结合——理论与实际、主观与客观、应用与创新的结合，揭示"在实践中学习，要练就过硬的本领"。

本书收集了作者自上世纪90年代末以来撰写的48篇文稿，大多是在省级以上报刊公开发表的文章。这些文稿，是学习的笔记，记录了作者理论学习、业务学习以及其他学习的历程；是工作的感悟，报告了作者在不同地区、不同岗位实践的轨迹。这些文稿，是作者学思践悟的结合。

本书分为学习篇、发展篇、管理篇、党建篇。作者以自己的经历和感受，印证了习近平总书记对党员干部提出的要求——"既要向书本学习，也要向实践学习"。本书对如何在工作实践中学习，具有一定的启发性和借鉴性。

读完全书，掩卷而思，感觉此书最大的特点有以下两个方面：

一、朴实而深刻

全书语言，朴实无华，但却耐人寻味，引人思考。

调研报告，实事求是。《打造优势区域 引领安徽崛起——关于构建安徽省会经济圈的思考》一文，刊载于社会科学文献出版社2007年9月出版的"中国省会经济圈蓝皮书"《合肥·六安·巢湖发展报告》。这篇调研报告，就省会经济圈的功能定位与发展目标、合作协调机制、规划与政策的制定、经济一体化的建设、推进措施与步骤等问题作了深入思考，提出了很有价值的建议。

理论文章，通俗易懂。《实事求是贵在"求"》一文，有这么一段话："规律是客观存在的，但如果我们主观与客观相脱离，认识与实践相分离，就不能认识规律，更不能利用规律。而要正确认识事物的规律性，充分利用客观规律，我们就得去研究、去寻找、去探索、去掌握。这里的关键，就是'求'。"紧接着，作者从三个方面具体说明为什么要"求"：来自事物发展的复杂性，来自社会环境的制约性，来自主体素质的差异性。实事求是，说起来容易，做起来难。有鉴于此，文章重点从三个方面阐述"贵在真求""贵在敢求""贵在善求"。这篇文章，被北京大学马克思主义学院、中国人民大学马克思主义学院评定为优秀论文。

二、严谨而洒脱

一篇篇文章，抓住主题，层层剥笋，侃侃而谈。2004年，作者撰写了《抓发展需要消除的几个认识误区》。文章提出当前要着力消除五个认识误区：消除"发展"与"增长"等同的误区，以结构、质量、效益相统一的增长促发展；消除片面追求GDP的误区，坚持经济社会协调发展；消除放松经济建设这个中心的误区，保持经济平稳较快发展；消除"全面"与"重点"相斥的误区，在统筹发展上下功夫；消除"为了发展而发展"的误区，坚持以人为本，实现最广大人民群众的根本利益。2015年撰写的《守纪律讲规矩五问》，从什么是党的纪律和规矩讲起，讲到当前不守纪律不讲规矩有哪些表现和危害，再讲到守纪律讲规矩要求我们怎样处理自律与他律的关系。读这些文章，如同在课堂听课，重点突出，层次清楚。

虽然文章结构严谨，论述严密，但作者视野开阔，语言生动，而且辩证地看问题，坦诚地讲观点，令读者信服。中共安徽省委主办的《江淮》杂志2012年第3期"基层党课"专栏，刊载了作者《与领导干部谈学习》一文。文章就领导干部如何在学习上树立标杆、作出表率提出努力方向：既要以学习修身立德，又要以学习增才兴业；既要先学一步，又要学深一些；既要博览群书，又要主攻术业；既要向书本学习，又要向实践学习；既要把学习融入工作，又要把学习融入生活。每一个观点，都以具体的事例来验证。《抗洪救灾指挥工作的哲学思考》，文中提炼的"防抗并重""保弃得当""以丰补歉""内外结合""两手齐抓"，折射出作者工作总结、文字提炼和理论思考的功底。读这些文章，会体悟到辩证法、方法论并非深不可学、高不可攀。

《如何吹好"枕边风"》，不是要领导干部配偶不吹"枕边风"，而是要努力吹好"枕边风"，助其廉洁从政。《落实党风廉政建设主体责任的三个问题》，用形象生动的三句话——"抓好'牛鼻子'""种好'责任田'""用好'撒手锏'"，来阐述如何认识、落实、追究主体责任。读起来，没有压抑感、说教感、空洞感。

学习的目的全在于应用。以学领践，以践促学，才能学以致用、用以促学，学用相长。马鞍山市自 2008 年建立领导干部廉洁自律预警机制，以"他律"推动"自律"，融提醒防范、动态监督和保护挽救于一体。作者时任马鞍山市委常委、市纪委书记。他于 2010 年撰写的《马鞍山市探索建立领导干部廉洁自律预警机制的做法、成效与启示》，让读者看到反腐败工作关口前移、防范在先的有效性，看到党委落实主体责任的重要性。

本书的压卷之作，是作者退休后于 2022 年 1 月撰写的《坚持党的领导》一文。文章着重论述：坚持党对一切工作的领导，确保党的领导全面性；维护党中央权威和集中统一领导，确保党的领导权威性；不断加强和改善党的领导，确保党的领导坚强性。这"三个确保"，是作者学习党的十九届六中全会审议通过的《中共中央关于党的百年奋斗重大成就和历史经验的决议》的心得。

《以学领践　以践促学——在工作实践中学习的汇报》连天线、接地气，理论性、实践性都很强。它是一本好书。

（刊载于 2022 年 5 月 27 日《江淮时报》，作者蓝欣。）

写在后面

　　《兵头将尾实践论——我如何当秘书长与办公室主任》一书，收录了本人担任办公室主任和秘书长期间以及与办公室工作有关、与秘书长职责有关的 42 篇文稿。这些文稿，大多是在省级以上报刊公开发表的文章，其中有 10 篇刊载于中共中央办公厅秘书局《秘书工作》杂志。

　　本书收录的文稿，从上世纪 90 年代初开始，时间跨度达 30 年之长。有以前在秘书长、办公室主任职位上写的，也有退休以后写的。内容涵盖办公室公文处理、文字、信息、调研、督查、接待等工作，党政办公室工作创新及队伍建设，党政机关保密、档案和新闻发布工作，党政机关效能建设及综合管理，党委、政府秘书长及办公室主任履职经验。其中既有理论研究的见解，又有实践探索的感悟。这些见解和感悟，不仅对办公室（包括机关、军队、企业、院校等办公室）工作人员，对秘书长和办公室主任有直接的借鉴作用，而且对党委、政府及其部门、单位领导也有一定的启发意义。

　　本书分为"公文处理、文稿起草与行政接待篇""信息、调研与督查篇""保密与档案篇""办公室综合工作与队伍建设篇""机关管理与效能建设篇""新闻发布篇""秘书长与办公室主任篇"和附录等八个部分，文稿归类是相对的，每类文稿大体按发表时间排序。文稿中，"去年""今年""新时期""三个文明""建设有中国特色社会主义"之类的文字，未作改动，保持原稿及当时的指称。本书中的"我区""全区"，指六安地区；"我市""全市"，2008年以前的是指六安市，2008年以后的是指马鞍山市。每篇文稿，文末标明写作日期或发表的报刊及日期。

人们对事物认知有三重境界：看山是山，看水是水；看山不是山，看水不是水；看山依然是山，看水依然是水。我对秘书长、办公室主任的认识，也有三重境界。1981年，组织上将我调入六安行署办公室。从那时起，我便与办公室结下不解之缘。几十年来，从办事员到秘书长，从政府机关到党委机关，从省辖市到省直机关，我对秘书长、办公室主任"兵头将尾"体验较深，感悟较多。秘书长、办公室主任既是"兵"，又是"将"，这是第一重境界；一个称职的秘书长、办公室主任，应该是与众不同的"兵"与"将"，这是第二重境界；一个优秀的秘书长、办公室主任，必须是与时俱进的"兵"与"将"，这是第三重境界。《兵头将尾实践论》这本书，真实记录了作者对秘书长、办公室主任三重境界的探索轨迹。

受水平所限，书中不当之处，诚请指正。

张正耀

2022年9月